Akiko Suzuki
Dreams come true

壁はきっと越えられる

夢をかなえる晩成力

鈴木明子

プレジデント社

Akiko Suzuki
Dreams come true

壁はきっと越えられる

夢をかなえる晩成力

鈴木明子

プレジデント社

はじめに

「カメくん、君は本当にのろまだね。もっと速く歩けないのかい」

「ウサギさん、ボクはのろまなんかじゃありません。謝ってください」

「のろまじゃない？　おいおい、笑わせるなよ。だったら向こうの山の頂上まで競走だ。もし俺さまに勝ったら謝ってやるよ」


そして、近くにいたキツネの合図で競走が始まりました。

ウサギはカメをグングン引き離し、あっという間に米粒ほどの大きさです。

一方、カメはというと、ゆっくりゆっくり一歩ずつ歩みを進めていきます。

勝負は誰の目にも明らか、のように思えました。

カメがもたもたしている間に、ウサギははや頂上の手前までやってきました。後ろを振り向くと、カメはまだスタート地点からいくらも進んでいません。

「あいつ、生意気なことを言ったくせに、やっぱりのろまじゃないか。昼寝をしたって俺さまの勝ちさ」

そうひとりごとを言うと、ウサギは切り株を枕に本当に寝てしまいました。

しばらくして目を覚ますと、日は西に傾いています。

「ああ、よく寝た。どれどれ、カメのやつ、そろそろ近くまで来たかな」

ウサギが後ろを見ると、カメはどこにもいません。

「やれやれ、あいつ、どんだけ遅いんだよ」

あくびをしながら前を向くと、ゴールの手前にカメがいます。ウサギが眠っている間に、カメに追い越されてしまったのです。

「し、しまった」

ウサギが急いで駆け出したものの、すでにあとの祭り。カメは悠々と頂上のゴールを通り過ぎました。

間もなく到着したウサギにカメはこう言います。

「ウサギさん、ボクがのろまじゃないってわかったろ。じゃあ、約束だから謝ってもらうよ」

それ以来、ウサギはカメに頭が上がらなくなったそうです。

私はこの『ウサギとカメ』の童話が大好きです。

小さいころ私は水泳や書道など、毎日のように習い事をしていました。その中でもいちばん好きだったのが、六歳で始めたスケートです。

氷の上で滑ったり回ったり跳んだりするのが楽しくてたまりませんでした。

ただし、私はいまもそうですが、器用なほうではないので、何をやるにも人より時間がかかります。

「次はこれをやってみましょう」

先生が見本を見せると、早い子はその日のうちに、先生がやったのと同じように滑れるようになるのに、私はそれがなかなかできません。

何日も何日も練習しないとダメなのです。

やってもやってもうまくいかないと、頭の中は口惜しさと情けなさでいっぱいになります。

そんなとき、私はいつも『ウサギとカメ』の話を思い出していました。

「私はウサギさんじゃない。カメなんだ。でもカメは最後に勝つんだ……」

いまでも私は、自分のことをカメだと思っています。

もし私が「カメなんて嫌だ。私はウサギになる」と、足が速くなる訓練ばかりしていたら、きっと途中で息切れしていたことでしょう。

カメだからこそ、二度もオリンピックの舞台に立つことができたのです。

しかし、いまの社会は誰も彼も、こぞってウサギを目指しているように、私の眼には映ります。

たしかに、足の速いウサギのほうが、いい思いがたくさんできそうな気がするというのは、わからなくもありません。

でも、本当にそうでしょうか。

たしかにウサギの瞬発力やスピードは、強力な武器です。けれども、自分のペースでコツコツ進むカメがその特性を活かせば、ウサギにだって勝てるということを、みんな忘れていませんか。

それに、わき目も振らず息せき切って走っていくより、周りの景色を眺めながら鼻歌交じりで歩いていくカメの人生のほうが、私は好きです。

カメでもこんな楽しい人生を送れるよ。

私はこの本で、そのことを伝えたいと思っています。
足が遅くて悩んでいる人が、ひとりでも本書を読んで、「速くなくてもいいんだ」と気づいてくれたら、こんなにうれしいことはありません。

二〇一四年　八月

鈴木明子

壁はきっと越えられる　夢をかなえる晩成力［目次］

第3章 壁はこうすれば越えられる

第4章 本番で力を発揮するには

第5章 私が尊敬する遅咲きの人たち

第1章
遠回りという素晴らしい生き方

Akiko Suzuki
Dreams come true

早熟型と晩成型

一流と呼ばれるアスリートには、**早くから頭角を現す早熟型と、芽が出るまでかなりの時間を要する晩成型の二つのタイプ**がいます。

たとえば、高校三年生で陸上一〇〇メートル一〇秒〇一という日本歴代二位の記録を出した桐生祥秀さんや、一八歳でATPツアー優勝を果たしたテニスの錦織圭さんなどは、明らかに早熟型です。

一方晩成型は、二五歳というかなり遅いプロデビューにもかかわらず、後に三度も世界王者を獲得したボクシングの輪島功一さん。それから高校大学時代はそれほど目立った成績は残していないものの、大学卒業後市民ランナーとして出場した東京マラソン二〇一〇で四位、同じく二〇一一で三位となり、世界陸上大邱大会男子マラソンの日本代表に選ばれ、現在も第一線で活躍中の川内優輝さんも、晩成型といえます。

では、早熟型と晩成型では、どちらのタイプのほうがより望ましいといえるのでしょうか。

可能性を感じさせるのは、やはり早熟型です。天才肌で難しい技術も軽々と習得し、多くの人が長い時間をかけてようやく到達するレベルに、あっという間に駆け上ってしまう早熟型のアスリートを目の当たりにすると、この年齢でこんなことができるなら、この先どんなすごい選手になるだろうと、誰もが期待し胸を躍らせます。

フィギュアスケートでも、誰もが苦労する難しいジャンプをすぐに跳べるようになる、非常にセンスのいい子がときどきいます。具体的にいうと、足首とひざの関節が柔らかく、なおかつからだの使い方が上手なのです。これはそれこそ天性のものですから、教えてどうなるものでもありません。

フィギュアスケートというのは、だいたい五、六歳くらいから始めるのですが、そういう子はすぐにわかります。

ただし、そういう子がみな将来一流選手になるのかといったら、実はそういうわけではないのです。小学生のころはコーチも舌を巻くような滑りをしていた逸材が、ノービス（九〜一三歳）、ジュニア（一三〜一八歳）と年齢が上がるにつれて徐々に輝きを失い、やがて平凡な選手になっていくという例を、私自身いくつも見てきました。

そして、それはどうやらフィギュアスケートに限ったことではないようです。類いまれな才能で鮮烈なデビューを飾りながら、その後伸び悩み、結果的に大成しなかったというケースは、どの分野でも探せばいくらでも見つかります。

たしかにフィギュアスケートの場合、選手を目指すとなると中学生や高校生から始めるのでは間に合いません。ある程度年齢が進むと回転の感覚を体得するのが難しくなってしまうからです。そして、もうひとつの理由が恐怖心。小さいときは転んでもそれほど痛さを感じないのですが、ものごころつくにつれて、硬い氷の上で転ぶと痛いという意識が強くなっていくため、無心で滑ることができなくなってしまうのです。

だから、フィギュアスケートに関しては、始める時機を逸したらそれはもう致命的で、中高生になって始めた人がオリンピックを目指しても、ほとんど不可能と言わざるを得ません。つまり、早熟や晩成以前に、始めるべきときに始めることが不可欠なのです。

言葉を換えれば、フィギュアスケートというのは、ある程度早熟でなければ一流にはなれない競技と言ってもいいと思います。

ただし、開始時の実力差がずっとそのまま維持されるかといったら、そういうわけではありません。**しかるべき年齢で始め、途中で諦めなければ、先を行く人に追い付き、追い越すことも十分可能なのです。**

乗り越える喜びを知らない早熟型の不幸

私はかなり不器用なほうで、一回転半のジャンプが跳べるようになるのにも、人の倍くらい時間がかかったほどです。

だから、たいした苦労もせず教えられたことを次々にマスターしていく子を見ると、うらやましくてしょうがありませんでした。

けれども、いま振り返ってみると、不思議なことにそういう才能あふれる子たちほど長続きせず、気がつくとリンクからいなくなっているのです。

なぜだと思いますか。

たぶん、彼らは途中で飽きてしまうのです。ゲームだって、あまりに簡単にクリアできてしまったら、すぐに興味を失ってしまうじゃないですか。それと同じです。

ところが、私のようにどんくさいと、コーチから「今日はこれをやってみましょう」と新しいことを教わっても、到底すぐにはできません。必然的に同じことを何度も繰り返すことになります。

しかも、それ自体は決して楽しいことではなく、一緒に習っている子が次々とマスターしていくのに、やってもやってもできない自分に腹が立って、小さいころはいつも泣きながら滑っていました。

もし、母親から「どうしてもっと早くできないの」とお尻を叩かれていたら、私はきっとフィギュアスケートを早々に断念していたことでしょう。しかし、私のことをよくわかっている母は、いつも私にこう声をかけてくれました。

「あなたは人より時間はかかるけど、きっとできるようになるからがんばりなさい」

そして、その言葉どおり、人一倍時間はかかるものの、練習を続けているとどんな課題も、なんとかできるようになるのです。

「あれ、なんかできちゃった」

その瞬間、それまでのつらかった時間はどこかに行ってしまい、天にも昇る気持ちになります。とくに私の場合、できるようになるまでの努力の期間が長い分、喜びもひとしおです。

そして、がんばればまたこの喜びが味わえるとわかれば、途中で投げ出そうという気になんてなりません。

そういえば、小学生のころ、学校の体育で縄跳びの二重跳びができず、悔しくて帰宅してから毎日自宅の玄関前で、必死になって練習したことがありました。それまでのスケートの経験から、私はやればそのうちできるようになるんだと信じていたのですね。

そうしたら、本当に少しずつできるようになってきて、そのうち一〇〇回、二〇〇回と跳べる数がどんどん増えていきました。

そしてついに、学校で行われた二重跳びの大会で優勝までしてしまったのです。

最初からなんでもできてしまう子は、私のように時間をかけ、努力して乗り越える喜びを味わう機会がありません。いま思えばそれは、とっても不幸なことです。

本当は周囲が一人ひとりの能力を見極めて、それなりに努力が必要な、その子にふさわしい課題を与えられれば、それがいちばんいいのかもしれません。

しかし、現実にはそれは難しいのです。マンツーマンで教える環境があればそれも可能でしょう。けれどもひとりのコーチが複数の選手をみるとなると、どうしても決まったプログラムを全員が行うという形にならざるを得ないからです。

また、とくに子どもの場合、能力があるからといってあえて難しい課題を与えると、

「どうして私だけがそんなことをやらなければならないの」と、拒絶反応を起こしてしまうことがよくあります。

その子にしてみれば、普通の課題なら自分はたいして努力しなくてもそれをクリアし、周囲から「あの子すごいね」と言われるのが当たり前の状態なのです。

だから、この子は能力があるからもっと伸ばしてやりたいと思って、他の子よりも難易度の高いことを求めると、本人は自分のためというより、親やコーチの都合で自分だけが難しいことをやらされると感じ、嫌気が差してしまうのです。

欲がないといえばそれまでですが、要するに、もっとがんばってさらなる高みを目指すということに慣れていないのだから仕方ありません。

努力の習慣が身についていない早熟型は案外もろい

私が三回転・三回転の連続ジャンプを跳べるようになったのは二六歳のときです。この年齢で跳べるようになった女子選手は、おそらく世界でも私くらいだと思います。

それはそうですよね、だって二六歳といったら、普通はとっくに現役を退いていてもおかしくない年齢なんですから。

では、なぜ私にそんなことができたのでしょう。

バンクーバーオリンピックで八位入賞を果たした翌年、あまりいい成績が残せなかった私は、そのシーズンが終わると世界で戦うために何が必要なのか、もう一度初心に戻って考えてみました。そして、行き着いたのが、三回転・三回転ジャンプ。

しかし、次のシーズン私は二六歳。その年齢で三回転・三回転に挑戦するのは、あまりに無謀で常識外れです。けれども、私には迷いも気負いもありませんでした。

「あなたはあきらめずに努力を続けていれば、いつかは必ずできるようになるから」

フィギュアスケートを始めたころからずっと、私は母にそう言われてきました。そして、実際そのとおりだったので、このときもまた同じようにやればいいのだと、自分を信じることができたのです。

その結果、二〇一一年のＮＨＫ杯ショートプログラムで、三回転・三回転のコンビネーションジャンプをなんとか成功させることができました。

もし私が小さいころから、なんでもすぐにできる子だったら、きっとうまくいかなかったでしょう。仮に挑戦したとしても、思いどおりにいかない日々が続けば、「やっぱりこの年齢では無理なんだ」とすぐにあきらめてしまっていたはずです。

何かができるようになるには愚直に努力するしかない。私のような晩成型の人間にとって、それは当たり前のことです。だから、努力していないときはなんだか落ち着かないし、たまに苦もなくパッとできてしまうと、本当は自分のものになっていないのではないかと、逆に不安になってしまうのです。

ところが、早熟型の人はそうは考えません。なんでもすぐにできてしまうのだから、コツコツ努力をする意味がわからないというわけです。

もちろんそれでずっといけるなら、なんの問題もないでしょう。しかし、現実にはどの世界であっても、天賦の才能だけに頼っていたら限界は必ず来ます。そこからさらに先に行くには、やはり努力しかありません。

けれども、早熟型の場合、やってもやってもできないということをあまり経験してきていないので、何かを習得するために時間をかけて努力するという習慣が身についていません。

だから、早熟型には、いったんつまずいてしまうとそこから立ち上がることができず、簡単につぶれてしまうという人が少なくないのです。

ただし、**早熟型でありながら、自分の才能に満足せず、いま以上の技術やスキルの獲得に努力を惜しまないという人もたまにいます。フィギュアスケートでは浅田真央さんがまさにこのタイプです。**彼女の能力の高さは幼いころから傑出していましたが、それ以上にすごかったのが「もっと、もっと」という向上心と、そのための努力を惜しまない姿勢です。

真央さんは小学生のころから、普通の子と同じように学校に行って、それから何時間も練習をするという生活を何年も続けてきました。彼女のスケートはそういう日々の努力の積み重ねでできあがっているのです。

真央さんが小学六年生ながら特例で全日本選手権に出場し、そこで三回転・三回転・三回転のコンビネーションジャンプを跳んだとき、マスコミは彼女を「天才少女」と絶賛しましたが、彼女は決して才能だけで滑っていたのではありません。

類いまれな才能に加え、人並み外れた努力ができる、それが浅田真央さんなのです。

2000年の全日本選手権では4位入賞。ジュニア特別強化選手にも指定された。

私の所属するスポーツクラブに通う子どもたちのお母さんから、「この子を浅田真央さんみたいにしたいんですが、週に何回通わせればいいですか」という質問をされることがあります。

「申し訳ありませんが、浅田真央さんにはなれません」

そういうときは、私は決まってそうお答えすることにしています。

真央さんを目指すなら、才能をどうこう言う以前に、毎日死にもの狂いでフィギュアスケートの練習に取り組む覚悟が必要です。「週に何回」程度の意識では、真央さんの足もとにもたどりつけません。厳しいようですが、これが現実なのです。

自分は晩成型と認めるには勇気が要る

大器晩成。

五〇歳を過ぎて測量を学び、自らの脚で日本全国を歩いて精密な地図をつくった伊能忠敬や、六五歳でケンタッキー・フライドチキンを創業したカーネル・サンダース。マクドナルドを世界最大のチェーンにしたレイ・クロックも事業をスタートしたのは五〇歳過ぎのこと。彼らのような遅咲きの成功者は、よくこう形容されます。

普通の人があきらめてしまう年齢に差し掛かっても果敢に挑戦を続け、見事に結果を出し世間をうならせるのは、歴史上の偉人だけの話ではありません。私たちの身近にも、大器晩成型の人は、探せば何人も見つかります。

では、そういう人たちは、もとから自分が大器晩成型であるとわかっていたのでしょうか。

私は、大半の人はそうはっきり意識してはいなかったと思います。

不器用だったり、チャンスに恵まれなかったりといったさまざまな理由で、なかなか芽が出ない。それでも腐らずに努力を続けていたら、人よりだいぶ遅れはしたけれど、ある日大きな花を咲かせることができた。そこでようやく「そうか自分は大器晩成型だったんだ」と気づく。そういう人のほうが圧倒的に多いような気がします。

だって、自分のことを晩成型だと認めたら、この先もずっと人より忍耐や辛抱をし続ける運命を引き受けなければならないということになるのです。それってなんだか貧乏くじを引いたみたいなものじゃないですか。

ちなみに、**私が「自分は晩成型なんだ」と認められるようになったのは、二〇一〇年のバンクーバーオリンピックが終わったあとの、二四歳です。**

もちろんそれ以前から、自分は新しいことができるようになるまで人の何倍も時間がかかるという自覚がなかったわけではありません。というか、自覚は大いにありました。

言われたことがすぐにできないのは子どものころからずっとそう。私が悪戦苦闘している間に、周囲は次々と課題をクリアしていく、いつもその繰り返しです。けれども、そういう経験を何度もしてきているにもかかわらず、私はどこかで、「こんなのは本当の私じゃない」と思い込もうとしていました。

私だってそのうち、もっと要領よくスマートにできるようになる、はずだったのに、いつまで経ってもその日は来ません。相変わらず何をやるにしても、人より余分に時間がかかる毎日です。

そのうち、自己否定をするのにも疲れてきました。それで、二四歳のとき、**「不器用でどんくさい自分は好きじゃないけど、それが私なんだから仕方がない、もうあり**

のままを受け入れよう」と、腹を決めたのです。

それに、もともと私は、人と比べられるのが好きじゃありませんでした。だから、スピードスケートのように速さを競うとか、テニスや柔道みたいに相手を打ち負かすとか、そういう種目はいまでも大の苦手です。

その点フィギュアスケートは、もちろん競技会では点数はつきますが、選手が目指すのは、誰かに勝つことではありません。自分が理想とする滑りを追求するのが、フィギュアスケートという競技の本質なのです。そして、そういうところが私の性格にぴったりでした。

それなのに、「あの人はもうあんなに難しいジャンプが跳べているのに、私はまだ跳べない」「みんなできているのに、私だけできないのは恥ずかしい」と、知らず知らずのうちに私は、大嫌いなはずの他人との比較をしていたのです。

それっておかしいんじゃないの。

そこのところに二四歳になって、ようやく気づいたといってもいいかもしれません。そうやって、「これが鈴木明子なのよ」とある意味開き直ったら、それからはものすごくフィギュアスケートも人生も楽になりました。

みんながすぐにできることが、自分は時間をかけないとできるようにならないと認めるのは、誰にとっても勇気の要ることだと思います。

けれども、それは恥ずかしいことでも、情けないことでもありません。世の中には早くできる人もいれば、時間のかかる人もいる、それだけのことであって、できるようになるまでの早さを競っているのでもなければ、どちらが上でどちらが下というわけでもないのです。

それに、自分は人より時間がかかる晩成型だと認めてしまえば、課題にじっくり腰を据えて取り組むことに抵抗がなくなります。なかなかうまくいかなくても、自分は晩成型なのだとわかっているなら、いたずらに焦ったり、遅いからと途中であきらめたりしなくてもすむからです。

競争社会を生きていると、どうしても人より早くできることに必要以上に価値を感じてしまいがちですが、それってどうなのでしょう。

フィギュアスケートの試合でも、私の場合、自分が心から信頼できるのは練習で時間をかけて習得した技術であって、わりとすぐにできるようになったものは、本当にそれが自分に身についているのか確信が持てず、不安を感じてしまいます。

ともにソチオリンピックを戦った、スキージャンプの葛西紀明さんは、ラージヒル個人で銀メダルを獲得しました。四一歳での快挙に日本中が歓喜し、いまや「レジェンド」という言葉は葛西さんの代名詞となっています。

ソチは葛西さんにとって七度目のオリンピックでした。表彰台に上がるために、晩成型の彼には、それだけ自分の心身と技術を磨く時間が必要だったのかもしれません。そして、長年の努力の結果ゆえの銀メダルだからこそ、人々は敬意を表し、より大きな拍手を葛西さんに送ったといえます。

私自身も彼の活躍を目にして、よし自分もと強烈な刺激を受けました。

私は、これからは葛西さんのような晩成型の人が、どんどん世の中に出てくるような気がします。そういう社会って素晴らしいと思いませんか。

誰にも遠回りとは言わせない

私は六歳から二九歳まで、ずっとフィギュアスケートとともに生きてきたと言っても過言ではありません。

ただし、正確に言うと、その間半年ほど、スケートから完全に離れていた時期があります。

私としては、大好きなスケートから一時だって遠ざかりたくありませんでした。でも、そのときは私の心とからだが、スケート靴を履くことすら許してくれなかった……。

それは大学生になったばかりのころです。豊橋の実家を離れ、杜の都仙台でひとり暮らしを始めた途端、私は摂食障害になってしまったのです。

実家にいるころは母が私の体調を気づかって、食事の内容なども考えてくれていました。だから、私はスケートのことだけを考えていればよかったのです。けれども、ひとりになったらそういうわけにはいきません。

とくにフィギュアスケートの選手にとって、体重はパフォーマンスに直接かかわる重要な要素なので、食事にはとりわけ気を使いました。

持ち前の完璧主義に加え、「ひとりでもちゃんとできるよ」ということを証明して、実家の母を安心させたいという気持ちが強すぎたのでしょう。

体重管理のために炭水化物や脂分を避け、少しでも食べ過ぎたと感じたら、トイレで吐いて自分のなかで帳尻を合わせるというような、極端なダイエットに走ってしまいました。その結果、なんと三カ月で体重が一五キログラムも減ってしまったのです。

身長一六一センチメートルの私の体重が、わずか三二キログラムって想像できますか。気がつけば生理はなくなり、髪の毛は抜け、からだは骨と皮ばかり。体脂肪が不足しているため、厚着をしても寒さで震えが止まりません。さすがにこれはまずいんじゃないかと思い始め、栄養のあるものを食べようとするのですが、すでに食欲はまったくなくなっており、無理して食べれば胃が拒絶反応を起こして、全部戻してしまうというありさまです。

そのうちスケートどころか歩くのもままならなくなって、コーチの指示で実家に帰った私は精神科を受診し、そこで初めて、自分は拒食症だということがわかりました。医者の判断はすぐに入院、もちろん母も同意見です。

しかし、私は「入院だけは絶対に嫌」とかたくなに拒否しました。医者から拒食症の治療には、通常二〜三年かかると言われたからです。

選手としてフィギュアスケートができるのは、大学卒業の二二歳までというのが、そのころの常識でした。そうすると、入院して仮に二年で完治したとしても、そこからトレーニングを再開し、思いどおり滑れるようになるころには、もう現役の時間はいくらも残っていないことになります。

母は、もうスケートも大学もやめてもいいと言ってくれました。でも、小学生のころからずっと続けてきたスケートは、もはや私にとっては欠かせない生活の一部、いえ、決して大げさではなく、人生そのものでした。

そのフィギュアスケートができないのなら、なんのために治療をするのかわかりません。治っても意味がないとさえ、そのときは本気で思っていたのです。

それで、結局入院はせず、自宅で治療を続け、半年後にはなんとか食事がとれるくらいになりました。もう一度フィギュアスケートがしたいという私の強い思い、それから母の献身的な協力のおかげです。

秋には大学に戻り、土の上を歩くところからトレーニングを始め、体重が四〇キロ台まで回復した一一月には、ようやくコーチも氷に乗ることを許してくれました。

ところが、そこで私はまた大きなショックを受けます。これまで当たり前にできていたことが、ことごとくできなくなっていたのです。

ジャンプは三回転どころか半回転がやっと。フォアからバックへターンしただけで転んでしまう……。冗談ではなく、初心者と大差ありません。しかも、それまでそれなりの成績を残してきている私の情けない姿は、周囲の好奇の的です。

そんなゼロどころかマイナスからの再スタートという現実は、思ったよりもはるかにつらく厳しいものであり、母にもしばらくは電話で愚痴や弱音ばかりこぼしていました。

しかし、さすがにそこは私の母です。彼女のこの一言が、私を立ち直らせてくれました。

「また滑れるようになっただけで幸せじゃない」

そうです。病気で苦しんでいるとき私は、もう二度とフィギュアスケートができないんじゃないかと、不安で不安でたまりませんでした。そのときのことを思ったら、大好きなスケートが滑れるようになっただけでもうじゅうぶん。あとはオマケのようなものです。

こうしてようやくふっきれた私は、六歳から一八歳までの間に身につけたスケートの技術を、あらためてもう一度学び直そうと決めました。


それでもしばらくは、頭の中に残っている病気になる前のスケートのイメージどおりに、どうしてもからだが動かず、イライラする日が続きます。

やがて徐々に体力が回復してくると、できることがだんだん増えてきました。なにしろひととおりのことは経験済みなのですから、からださえ元気なら、初めてのときと比べ習得にかかる時間は大幅に少なくてすみます。

それまでは何をやるにも人より時間がかかっていた私が、ビデオテープの早回しのように成長していくのですから、悪い気はしません。

同時に、過去の自分には戻れないということもわかってきました。


それはそうですよね。だって、スケートを始めたころとは年齢も、体格も、置かれている立場や状況も違うのです。

それに、もし病気をする前の状態に戻れたところで、それを成長とは言わないでしょう。

だから、過去に戻るのはやめて、顔を未来に向けることにしました。新しい鈴木明子をつくるんだと発想を変えたのです。

それから、練習に対する考え方や取り組む姿勢も変わりました。

以前は、コーチから教わったことをそのとおりできるようにするのが精いっぱい。そのためにひたすらがんばることしか頭になかった私でしたが、**病気から復帰して、昔身につけた技術を再び習得し直すようになったら、「なぜこれをしなければならないのか」という一つひとつの練習の意味が実によくわかるようになったのです。**

コーチは気まぐれや気分で「これをやれ」「このトレーニングをしろ」と選手に命じているわけではありません。そうすることによって「この技が可能になる」「こういう滑りができるようになる」という理由が必ずあるのです。

そこに気づかなければ、それは練習のための練習でしかありません。つまり、私はようやくおとなの練習ができるようになったのです。

また、拒食症でいったん筋肉が落ちてしまったことも、プラスに作用しました。スケートに必要な筋肉を、理想的な形で付け直すことができたからです。

こうしてみると、病気になっていったんスケートを離れ、どん底からの再スタートを余儀なくされたことは、私にとって決して不運ではなかったといえます。

拒食症からはかろうじて復帰したものの、そのシーズン私はグランプリシリーズの参加を辞退しました。本来ならこれがシニアのデビュー戦になるはずだったのですが、まだまともに滑れないのだから仕方ありません。当然強化選手からも外れることになります。

その後、ユニバーシアードで優勝するなど、少しずつ結果が出るようになると、今度は「ずいぶん遠回りしちゃったね」と声をかけられることが多くなりました。

私のことを気の毒に思ってそう言ってくれる気持ちはよくわかります。たしかに順風満帆の人と比べたら、同じことを一からやり直している私は、遠回りにしか見えなかったのでしょう。

でも、そう言われるたびに、私は心の中で「遠回りなんかじゃない」と反論していました。

病気で一時期スケートから離れざるを得ないという経験をせず、子どものころから順調にきていたら、私はただがんばることしかできない選手になっていたでしょう。

そして、がんばるだけではどうにもならない試練に見舞われたとき、そんな私の心はポキッとあっけなく折れてしまっていたに違いありません。

しかし、**あそこでフィギュアスケート選手としての自分を、いったんリセットした**

おかげで、私は強風にも負けない柳の枝のような強さを手にすることができました。

それゆえアスリートとしての寿命が延び、二度もオリンピックに出場できたのです。

人より時間がかかったから、遠回りなのではありません。ゴールに到達するまでの時間や道のりは人によって違うのです。

それに人生全体から見たら、二年や三年の遅れなんて誤差のうちでしょう。

つまるところ、それが遠回りかどうか決めるのは自分しかいません。人に何と言われようと、自分がこれは必要な時間なのだと思っているなら、それは遠回りではないのです。

第2章

好きなことをやりましょう

Akiko Suzuki
Dreams come true

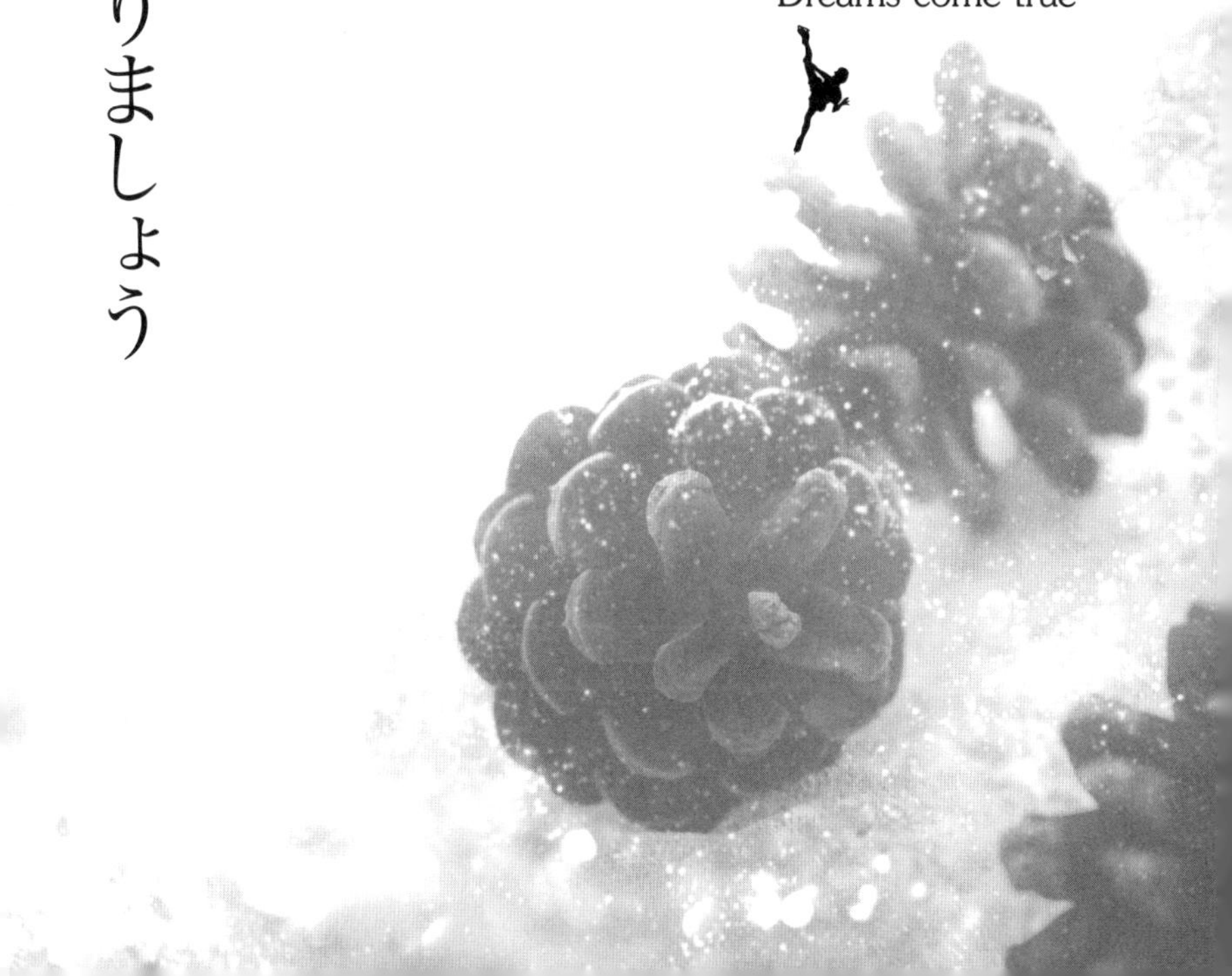

大事なのは才能より好きかどうか

オリンピックに出場するような選手には、共通する特徴があります。それは、その競技が心から好きだということです。

たとえばフィギュアスケート男子の髙橋大輔さん。あそこまでストイックに自分を追い込めるのは、スケートが大好きだからにほかなりません。

では、髙橋さんはスケートのいったいどこにそれほどの魅力を感じているのでしょう。

それはたぶん、会心の滑りをしたときに沸き起こる観客の拍手です。

自分のスケートが多くの人を感動させ、賞賛の拍手に包まれるのは、フィギュアスケートの選手にとってまさに至福の瞬間、それまでの厳しい練習やつらいリハビリの苦労も、その一瞬で吹き飛んでしまいます。

その快感を味わいたいという気持ちが、髙橋さんは誰よりも強いのです。

たぶん、目立ちたがり屋なんですよ、彼は（笑）。

もちろん、ただ滑るのが好きという人もいるし、私のように、ゆっくりだけど確実に成長している自分を感じられるところがスケートの魅力だと思っている人もいます。好きな理由が人と同じである必要はありません。好きなことであれば人はがんばることができるのです。

そして、やはり才能も無視できません。オリンピックに出るような選手はその競技に関して、みな人並み以上の才能の持ち主だといっていいでしょう。

しかし、いくら才能に恵まれていても「好き」の度合いが弱いと、強い選手にはなれない気がします。

ジュニア時代には、才能だけで周囲を圧倒する選手もいるにはいました。

私が覚えているのは国際大会で出会ったロシアのある選手。技術のレベルが高く、とくにジャンプは圧巻でした。ところが、彼女はスケートが全然楽しそうじゃないのです。どこか義務感で嫌々滑っているようで、見ていてもあまりいい気分はしませんでした。それなのに、試合になると高得点を出すものだから、大好きなスケートがなめられているようで、無性に腹立たしかったことを覚えています。

ところがさすがにシニアになると、こういう選手は見なくなりました。才能があってもその競技が心底好きでないと、結局自分の才能の限界を超えられず、消えていってしまうのです。

才能でできることのさらに上に行こうと思うなら、練習を重ねるしかありません。それは華やかな試合とは違って、たいてい地味で単調なことの繰り返しです。目指す地点が高ければ高いほどそこに至る道のりは険しくなって、苦痛も増します。

私も、弱音を吐いて逃げ出したくなったことが何度もありました。

そうしなかったのは、やはりスケートが好きだったからです。私の場合、できなかったことが練習を経てできるようになるのが、単純にスケートの喜びでした。練習によって技術や表現力が増し、自分のスケートが自分の理想に近づくことがうれしくて、その思いをしたいがためにスケートを続けていたといってもいいくらいです。

ある女性コーチから、「スケートは出産と一緒だよ」と言われたことがあります。新しい命を産み出すのは大きな痛みを伴うけど、その喜びはなににものにも代えがたい。私は子どもを産んだことはありませんが、女性なのでこの感覚は実によくわかります。

そんな貴重な経験を、知らず知らずのうちに、スケートを通じてさせてもらっていたのだとわかってから、私はますますスケートが好きになりました。

ただし、もしスケートが義務や誰かの意思だったら、同じことを言われても心に響かなかったでしょう。

好きだからこそ、なんでも吸収しようと人の言葉にも素直に耳を傾けられるのです。

スケートがいちばん好きだった

私がフィギュアスケートを始めたのは六歳です。といっても、両親が娘をオリンピック選手にしようと英才教育を施したのでは、もちろんありません。

母は私を、とりあえずなんでもひととおりできるように育てたいと思ったようです。それで、幼い私は水泳、ピアノ、絵画、書道といくつかの習い事に通うようになりました。フィギュアスケートもそのうちのひとつだったのです。ちなみに、いちばん早かったのは一歳一カ月で始めた水泳です。

そのなかで、最終的に残ったのがフィギュアスケートでした。

このときも母の意向ではなく、私自身がスケート靴を履いて氷の上にいるのがいちばん好きだったからというのがその理由です。

母は、とくに賛成も反対もしませんでした。ただ、小さいころの私はさして運動神経がいいというわけでもなく、おまけに体形も猫背で内股だったこともあって、私にフィギュアスケートの才能があるとは思っていなかったようです。だからでしょう、私がフィギュアスケートを続けたいと言うと「スケートはお金がかかるから、やめたくなったら我慢しないで早めに言ってね」と釘を刺されたことを、いまも覚えています。

もっとも、もし母から「スケートでオリンピックを目指しなさい」などと言われていたら、私はきっと反発してフィギュアスケートが嫌いになっていたに違いありません。だから、母が私にスケートを強制しなかったのは、もしかしたらそういう私の性格をわかったうえでの、母の作戦だったという可能性も……まあそれはないかな。

とにかく、娘の意思を尊重してくれた母には、いまも感謝しています。

そして、小学生のときは、そのスケートが生活の中心になりました。

授業が終わると学校まで迎えにきた母に駅まで送ってもらい、そこからはひとりで練習場のある名古屋まで電車で行き、練習が終わるとまたひとりで電車に乗って家に帰るという毎日です。宿題は往復の電車の中でやっていました。友だちと遊ぶ時間なんてもちろんありません。

いま振り返ると、小学生にしてはかなりハードな日々を送っていたような気がします。

けれども、そんな毎日がたいへんだとか、嫌だとかは、不思議と思いませんでした。子どもながら、親からお金を出してもらっているのだからがんばらなくちゃという気持ちが強かったみたいです。

あとは、やっぱりフィギュアスケートが好きだったので、忙しくても苦にならなかったのでしょう。

そのフィギュアスケートの成績は、愛知県内で行われる大会では、一位にはなれないもののだいたいいつも二位か三位でした。それでも表彰台の常連だったので、このころは自分の実力を、私も母もかなり高めに見積もっていました。

しかし、小学校五年のときに出場した初の全国大会で、私は現実の厳しさを思い知らされることになります。

私は中部地区の予選を四位で通過し本選に進みました。予選で四位じゃ全国に行ったら通用しないことくらい、いまならわかります。でも、当時の私はなぜか、何の根拠もないのに、本番では表彰台に立てるものと思っていました。

ところが、結果は二一位。なにしろ緊張しすぎて最初のポーズから足が逆というありさまでしたから、演技の出来も推して知るべしというものです。

ショックはショックでしたが、でもフィギュアスケートをやめたくなるほどではありませんでした。二一位というのは予想外だったものの、全国に行けば自分の実力なんてそんなものと、わりと自然に受け入れられたのです。

もし、私が親の期待を一身に背負い、何が何でも一番じゃなければダメと思ってスケートをやっていたら、ここでつぶれていたかもしれません。

でも、そうはならず、結局、私は二九歳になるまで、選手としてフィギュアスケートを続けることになったのですから、どの習い事よりもフィギュアスケートが好きという自分の気持ちは嘘ではなかったのです。

そして、その気持ちを何よりも大切にしてくれた母には、本当に感謝しています。

やってみなければ好きかどうかわからない

好きなことならがんばれるし、長く続けることができます。だから、自分が心から好きなことを選ぶと、成功する可能性が自然と大きくなるのです。

まさに私がそうでした。

いまでもフィギュアスケートが好きかどうか尋ねられたら、自信をもって「大好きです」と答えられます。

それだけ好きなことだったからこそ、厳しい練習に耐えることもできたのです。二度もオリンピックに出られたのも、二九歳まで第一線で活躍することができたのも、好きなフィギュアスケートでなければあり得なかったでしょう。

私は自分がそういう経験をしてきたので、この本の読者のみなさんにも、本当に好きなことに取り組んでほしいと願っています。

ただ、自分が何を好きなのかを理解するのは、それほど簡単ではありませんよね。

私がラッキーだったのは、小さいときにたくさんの習い事をやらせてもらえたことです。もし、最初からわき目も振らずフィギュアスケート一本だったら、スランプに陥ってもがいていたときなどに、ふと「水泳のほうが好きだったかもしれない」「ピアノをやればもっと好きになったんじゃないか」などという思いが頭をよぎり、自分の「フィギュアスケートが好き」という気持ちが揺らいだかもしれません。

いろいろなことを試してみたからこそ、フィギュアスケートがいちばん好きという自分の気持ちを、どんなときも信頼することができたのです。

好きなことがわからないという人は、あれこれやってみることに慣れていないのではないでしょうか。それは、たぶん引っ込み思案だからです。それで、何か興味を惹かれることに出くわしても「うまくできそうもない」「失敗したらやだな」という考えが浮かび、挑戦を躊躇してしまうのだと思います。

しかし、頭の中でああでもない、こうでもないと考えているだけでは、自分が何が好きかは見えてきません。自分が実際にやってみなければ、それが好きかどうかは判断できないからです。

だから、とにかく動き出すこと。そうすれば周囲の景色も変わり、それまで眠っていたいろいろな感覚が刺激され、「自分にはこんなにたくさんの選択肢があったんだ」ということがわかるようになります。選択肢の多い人生は幸せな人生だと思います。

ただ、そういう私だって、本当のことをいえば若いころは、いまよりずっと引っ込み思案でした。とくにそれを感じたのは、社会人になったばかりのころです。

大学を卒業するまで私には、フィギュアスケートのほかに、学校というもうひとつの世界がありました。そこでは私も他の学生と同じように、さまざまな情報に触れ、いろいろな経験をすることができます。それゆえスケートのときは頭を切り替えて、自分の滑りや演技に打ち込むことができたのです。

ところが、社会人になったらその学校がなくなって、私の生活はスケート一色になりました。

朝から晩まで好きなスケートに集中できるのです。これこそ私が待ち望んでいた理想の環境のはずでした。しかし、毎日スケート関係の人としか会わず、話題もスケートのことばかりです。いまはそれでなんの不都合もありません。でも、このままいったら将来私は、ものすごく狭い世界でしか生きられない人間になってしまうのではないか。そんなふうに考えたら、ものすごく不安になってきたのです。

いまなら、未知のものや不慣れなことに挑戦して視野を広げ、同時に自分とスケートの関係を見直せばいいといえますが、このときの自分には、そういうことができませんでした。


思えば小さいころいろいろな体験をしてきたのは自分の意思ではなく、母がすべてお膳立てをしてくれて、私はそれに従っただけだったのです。

だから、行き詰まっても自分から行動を起こすことができず、頭では「なんだかまずいな」と思っていながら、昨日と変わらぬ毎日を送っていたのでした。

2004～2005年全日本選手権。摂食障害から復帰するもまだ本調子ではなかった。

そんな鬱々とした日常から脱出できたのは、友だちのおかげです。
当時私はヨガに興味をもっていました。それで、あるとき友人に、そんな話をなんの気なしにすると、私と違って超行動的な彼女は「私もヨガを習いたいと思っていたところなの。一緒に行こうよ」と言って、私の返事も待たずヨガ教室を見つけてきて、さっさと申し込みを済ませてしまったのです。

そんなふうに、半ば強引に連れ出されるような格好で通い始めたヨガ教室でしたが、私はすぐに夢中になりました。
ヨガのポーズや呼吸法を覚えるにつれ、以前よりも数段深くリラックスできるようになったのです。

それだけではありません。ヨガを通じて多くの出会いがありました。それまで自分と接点のなかった世界の人たちの話は新鮮かつ刺激的で、好奇心がどんどん膨らんでいきます。気がつけば、それまで感じていた不安は、跡形もなくなっていました。

「自分が行動を起こせば、それをきっかけに周囲のいろいろなものが動き始める。やっぱり自分が動かなきゃダメなんだ」

このとき私は友だちのおかげで、この人生の大事な教訓を学ぶことができました。

そして、この経験はいま、たいへん役に立っています。

現役を引退して、現在私はプロスケーターです。アイスショーがメインの活動ですが、それ以外にもフィギュアスケートの普及にプラスになる仕事は、積極的にやっていこうと考えています。

といってもこれまでスケートしかやってきていないので、ほとんどの仕事は未経験。引き受けたあとで、本当に自分にできるだろうかと心配になって、気が重くなることもしょっちゅうです。

とくにテレビ出演は緊張します。スケートを語るような内容ならまだいいのですが、スケートとは関係ないことについてコメントを求められるようなバラエティーなどは、とてもじゃないけれどうまくやれる自信がなく、収録前に控室から逃げ出したくなります。

でも、本当に逃げ出したり、自信がないからと仕事のオファー自体を断ってしまったりしたら、失敗して嫌な思いをすることは避けられますが、自分の世界は広がらず、新しい可能性を発見する機会も得られません。

だから、私は逃げずに挑戦するほうを選びます。あとは野となれ山となれぐらいの気持ちでいいのです。

とにかく一度そういう経験をしてみてください。そうすれば必ず新たな地平が開けます。同じ場所にじっとしていても、何も見えてきません。

やるときは全力で取り組む

とりあえず自分でやってみないと、それが好きかどうか、あるいは向いているかいないかは絶対にわかりません。

そして、もうひとつ大切なことがあります。それは、やると決めたら全身全霊をあげて、全力で取り組むということです。

選手を引退してプロスケーターとなった私はいま、悪戦苦闘しながらさまざまなことに挑戦しています。

自分の世界をもっともっと広げたいのと、スケート以外に自分にはどんな可能性があるのか知りたいという両方の気持ちがモチベーションになっています。

だから、バラエティー番組でも、私にとっては真剣勝負。

「自分に求められている役割は何？」「どんな見せ方をしたらスケートの魅力がいちばん伝わるだろう」というようなことを常に考えながら、同時に「共演者の人たちはいまどんな気持ちでいるのか」を表情や言葉から想像するようにしています。

収録の間中、そうやってずっと神経を研ぎ澄ましているので、終わると疲労困憊し、その日は使い物になりません。でも、幸い体力はあるほうですから、翌日にはほぼ回復しています。

そうしたら、前日の番組の収録を、もう一度冷静になった自分の頭の中で再現する「ひとり反省会」です。

「あそこはもっとこうすればよかった」「この表現のほうが伝わりやすかったかもしれない」……いつも反省点が山のように出てきます。

とくに私はちょっと怖がりのところがあって、言いたいことがあってもつい発言を躊躇してしまいがち。テレビの仕事ではそれを克服するのが、目下の課題だと思っています。

それから、現場の空気はどうだったかということも、私にとっては重要な要素です。「またこの人たちと一緒に仕事をしたい」と素直に思えればいいのですが、そうじゃないときは、どうしてそう感じたのかを考え、自分なりに答えを出しておきます。

共演者のなかに自分と波長が合わない人がいた場合、それは仕方ありません。人間だからそういうこともあると思うようにしています。

でも、人間関係であまり嫌な思いはしたくないので、次もきっとうまくいかないだろうなと思ったら、その仕事は引き受けないという判断も、ときには必要かもしれません。

このように、勇気をもって飛び込めば、いろいろなことがどんどんはっきりしてくるのです。ただし、それは一生懸命やるから見えてくるのであって、「これは私の本業じゃないから、適当でいいや」というような気持ちが少しでもあったら、数だけこなしても何も得られません。はっきりいって時間の無駄です。それに、そんな人とは誰だって一緒に仕事をしたくありませんから、二度と声はかからないでしょう。

それから、どんなことであってもやると決めたら、自分なりに楽しむ工夫をするようにすると、挑戦が嫌でなくなります。

最近私がひそかにやっているのは、仕事で訪れるテレビ局の比較。実は、テレビ局というのはよく観察すると、掲示物やポスターの種類、お弁当のテイストなど、いろいろなところにその局の個性がにじみ出ています。それを確認しながら「へー、ここはエレベーターの中にまで視聴率が貼ってあるんだ。けっこうシビアだな」「この局のお弁当はいつも質より量って感じだけど、からだを張った番組が多いからかしら」などとあれこれ想像を膨らませるのです。そんなことをしていると、本番前の緊張も自然とほぐれていきます。

全力投球といっても、いつも額に青筋を立てている必要はないでしょう。笑顔のほうが絶対にいい結果がでるはずです。

自分を知ろう

自分のことは自分がいちばんよくわかっている。

たぶんほとんどの人は、何の疑いもなくそう思っているのではないでしょうか。

でも、本当はそうではないのです。人は自分のことを意外と知りません。

フィギュアスケートの選手時代も、自分では自分の理想の滑りや演技を目指しているつもりでいるのに、いつの間にかそれが何なのかわからなくなることがありました。

そういうときはたいてい目標が、自分の理想からコーチの理想に、自分では気づかないうちにすり替わっているのです。

自分ではなく、他人であるコーチの目にどう映るかばかりを気にしていたら、自分が心から満足できるスケートなどいつまで経ってもできるはずがありません。

だから私は、そういう状況に陥らないよう「私はどんなスケートがしたかったんだっけ」と、ことあるごとに自分に問いかけるように心がけていました。


実は、これはヨガから学んだやり方です。

ヨガを習い始めたころ、私はスタジオの鏡に映る自分の姿ばかり見ていました。それで、「今日は左手が伸びていないな」「右の腰が硬くなっているみたい」と目で確認しながら、バランスを調整していたのです。

そうしたら、あるとき先生に、「鈴木さんは鏡を見すぎ。視覚に頼らないで、もっと自分のからだの声を聞いたほうがいいですよ」と注意されてしまいました。


いま自分の心身がどうなっているのかを知って、それを受け入れるというのがヨガの基本です。

ところが、鏡を見てしまうと、それは他人の目になってしまいます。つまり、鏡ばかり見ていた私は、無意識のうちに周囲から自分がどう見られているかを気にしていて、ちっとも自分の内面を見ていなかったのです。

フィギュアスケートという採点競技をずっとやってきた人間の職業病といっていいかもしれません。

また、そうやって自分を置き去りにして人の目の中で生きていると、心からリラックスできないので、ストレスが溜まりやすくなるのです。

そこで、思い切って鏡を封印し、意識を自分の内側に向けるようにしました。

私はいまでもそうですが、目からの情報にかなり強く影響を受けます。なので自分のことを見て確認できないとどこか落ち着かず、最初はしっくりきませんでした。

それでも我慢して、しばらくからだの声に耳を傾けるようにしていると、だんだんと視覚以外の感覚が研ぎ澄まされてきたのか、鏡の自分を見なくても、「今日はここに疲れが溜まっている」「重心がずれている」というように、自分のからだの状態がわかるようになってきたのです。

そうやって自分と向き合い、自分のことが正しく把握できるようになると、無理に悪い部分を矯正しようとしなくても、自然と不必要な力が抜けてバランスがとれるようになります。

これがその人の、ありのままの状態です。

自分のことがわからなければ、自分は何が好きかもわからないし、好きなものを間違えてしまう恐れも大いにあります。

だから、好きなものは何かを正しく理解するには、食わず嫌いにならず行動を起こすのをためらわないことに加え、自分を知る努力も怠らないでください。

私は、いまでも一日の終わりには、必ずひとりになって自分と向き合い、心の声を聞くことにしています。

呼吸に集中し、意識的に吐く息を長くすると、仕事や人間関係などで高ぶっていた気持ちがだんだんと静まってきますから、そのときその日起こったよかったことも悪かったことも、呼吸と一緒にいったん全部吐き出してしまうのです。

そうして余計なものを取り除き、最後に残った自分の中の芯を確認しておけば、好きなものを見分ける目がぶれることはありません。

ときにはアドバイスに耳を傾けてみる

先ほど、自分のことはわかっているようで、実はよくわかっていないと言いました。これは裏を返せば、「他人のほうがあなたのことをよくわかっている場合もあるよ」ということでもあります。

フィギュアスケートでも、自分よりもコーチのほうが選手の欠点を的確に把握しているのは、決して珍しいことではありません。

だから、もし自分のやりたいことや、向いていることがわからなかったら、周りの友だちに意見を聞いてみるのは、いい方法だといえます。

「音楽を聴いているときがいちばん楽しそう」

「子どもの気持ちをつかむのがうまいよね」


そうしたらこんなふうに、きっといろいろなことを言ってくれると思います。

もしかしたら、そのなかにはピンとこない指摘もあるでしょう。けれども、友だちの目にそういうふうに映っているということは、それもまたあなたという人間の、ひとつの側面なのです。

そう考えると、たとえ自分ではそう思っていなくても、とりあえず友だちの言葉には、従ってみたほうがいいといえます。それが新たな自分を発見する機会になることも、じゅうぶん考えられるからです。

ちなみに、誰かの指摘やアドバイスで、それまでできなかったことができるようになったり、スランプから脱出できたというようなことは、フィギュアスケートの世界では日常茶飯事だと言っていいでしょう。

ただし、人の助言がいつも自分にとってプラスになるとは限りません。まったく的外れの場合もあるし、指摘は正しくても伝わらないこともあるからです。

とくに後者に関しては、私自身も、長年コーチから言われ続けてもできなかったことが、別の人から違う言い方をされたら、すっとできるようになったという経験を何度もしています。

なかでもいちばん印象深いのは、三回転・三回転ジャンプが跳べるようになったときのことです。

二六歳での挑戦は、やはり体力的にもハードルが高く、なかなか思うように跳べず、精神的につらい日々が続いていました。

そんなある日、たまたま同じリンクで練習していた荒川静香さんが私のジャンプを見て、「一つ目のジャンプの着地から二つ目のジャンプに移るときに、もう少し後ろに滑って、左手を早く持っていったほうがいいんじゃない」とアドバイスをしてくれました。

それで、そのとおりにやってみたら、実にしっくりきて、その日のうちに三回転・三回転が跳べるようになったのです。

それを長久保裕コーチに伝えると「それは僕が毎日言っていたことじゃないか」と不満そうでしたが、実際それはそのとおりだったのでした。

では、どうしてコーチに言われてできなかったことが、荒川さんの助言でできるようになったのでしょうか。

そのとき荒川さんは、言葉でアドバイスをしてくれただけでなく、そのあと自分で実際にやってみせてくれました。それで、よりイメージがつかみやすかったのだと思います。

しかし、それだけではありません。荒川さんは同じ選手の立場なので、私のどこに問題があるかや、どういうふうにすればその問題を解決できるかがよく見えたのでしょう。さらに、やはり選手目線で、こういう言い方をすれば伝わるんじゃないかというのがわかったのだと思います。

このように、同じことでもちょっとした言葉の使い方や表現の仕方の違いで、伝わったり伝わらなかったりするのです。

しかし、誰のどういう言葉がいまの自分の窮地を救ってくれるか、前もって知ることはできません。ですから、それが誰の意見であっても、できるだけ先入観をもたず、謙虚な気持ちで耳を傾けるべきだと私は思います。

しかし、だからといってなんでもかんでも鵜呑みにしていたら、今度は混乱して自分を見失ってしまいかねません。

ここでも大事なのは、自分という人間を常に冷静に見つめること、そしてアドバイスのうち必要なものだけをピックアップして、上手に取り込んでいくということです。

とくに情報は手に入れるより、取捨選択することのほうが何倍も難しいといえます。そして、それがうまくできるようになるには、経験を積むよりほかありません。このことは、私もまだまだ勉強中です。

第3章

壁はこうすれば越えられる

練習は裏切らない

どんな競技のトップ選手に聞いても、最初から何の苦労もなく、とんとん拍子でそこまで来たという人はまずいないでしょう。

人は成長するにつれて、必ず壁にぶつかります。その壁を乗り越えられた人だけが、次のレベルに進めるのです。

そして、その壁を越えるには、練習しかありません。

レベルが上がれば上がるほど、現れる壁も高くなるので、練習の量も厳しさも増していきます。

だから、トップ選手ほど苦しい練習に耐えてきていると思って間違いありません。

ときどき、努力もせず才能だけで勝ち続けているように見える人もいますが、彼らだって本当は、人知れずものすごい努力をしているはずです。そうでなければ日々登場するライバルたちと競い合って、勝ち続けるなんて絶対に無理。

努力をしているように見えない人は、そういう姿を外に見せるのが好きではないのです。

もちろん競技によっては、持って生まれた素質の比重が大きいものもあるでしょう。たとえば陸上の短距離走などは、生まれつきの筋肉の質や骨格などの差は、いくら練習をしても埋めきれないのかもしれません。

一方、私がやってきたフィギュアスケートは、練習量の差が実力に直結する競技だといえます。どんなに素質があっても、一日四時間しか練習せずに、八時間練習する選手の上にいくのは、経験上不可能だといえます。

事実、ランキングの上位にいるのは、ものすごい量の練習を平気な顔でこなす人ばかりです。

私は自分にフィギュアスケートの素質があったとは、これっぽっちも思っていません。**それでも二度も日本代表としてオリンピックに出場できたのは、壁にぶち当たってもあきらめず、その壁を乗り越えられるまでコツコツ努力するのが嫌ではなかったからだと思っています。**

できるようになるまで何度も何度も辛抱強く同じことを繰り返す練習は、決して楽しくはありません。でも、夢中になって練習しているうちに、やがてそれまでできなかったことができるようになると、そのときは自分もうれしいし、それまで見守ってくれていたコーチも母も喜んでくれる。

その瞬間、それまでの苦しかったことも、どこかに吹き飛んで、「ああよかった。次もがんばろう」という気持ちになっています。

私の二三年間のスケート人生は、まさにその繰り返しでした。オリンピックに出られるとか、グランプリで優勝するとかそういうことより、それまでできないことができるようになったときの感動を味わいたくて、人より長くフィギュアスケートを続けたといってもいいくらいです。

だから、もし私に才能があったとしたらそれは、途中であきらめず、できるようになるまで練習をがんばることができたということ、それに尽きます。


子どものころコーチから「つらくてもうやめたいと思っても、そこでもうひと踏ん張りする。それができる子は必ず上達する」とよく言われましたが、それは本当にそのとおりです。

壁にぶつかってどうにも前に進めないという人は、とりあえず壁を越えるための努力を始めてみたらどうでしょう。

やってもやっても結果が出ないと、「やっぱり私には無理、才能がないんだ」と投げ出したくなるかもしれません。

でも、あきらめてしまったら、そこで終わり。いつか必ずできるようになると自分を信じて努力を続けた人だけが、壁を越えるパスポートを手にすることができるのです。

一流の人とそうでない人の差は、才能ではなくこの努力の差だと私は思います。

必要な努力の量を見極めるのは難しい

練習の絶対量が不足していたら勝負には勝てないし、壁も越えられません。

かつて東洋の魔女と呼ばれた東京オリンピック女子バレーボールの日本代表選手たちは、連日午後四時から夜の一二時過ぎまで、休憩もなしにひたすらボールを追い続けたといいます。

金メダルはまさにその猛練習の賜物にほかなりません。

私自身も現役のときはコーチから、どれだけ練習しても「まだ足りない」と言われたことしか記憶にありません。

では、練習はやればやるほど上達できるのでしょうか。


実は、そうではないのです。

長時間のハードな練習は故障というリスクを伴うというのが、いまのスポーツ界の常識です。だから、倒れるまで走らされる昔のスポ根マンガのような光景は、いまはどの競技でも見られなくなりました。

逆に現在は、どの程度練習すればいいのかを見極めるのが難しくなったともいえます。

練習をやりすぎるとオーバーワークになって故障したり、パフォーマンスが下がったりする一方で、練習が足りなければ必要なスキルがなかなか習得できないからです。

そういうときは、やはりコーチや自分のことをよくわかっている人の意見を参考にするのがいいかもしれません。

ただし、それもまた限界があると知っておいたほうがいいでしょう。というのも、どの程度余力が残っているとか、ダメージの蓄積はどれくらいとか、そういう自分の微妙なコンディションは、自分じゃないとわからないからです。

私の場合は、社会人になる以前は、病気でスケートができなかった期間を除けば、練習には常に全力で取り組み、セーブしようなどという考えはまるでありませんでした。それが当たり前だと思っていたし、なによりがんばっている自分が好きだったからです。

コーチはコーチで、私のことを叩けば叩くほど伸びる素材とみていたのか、そんな私にいくらでも課題を与えてくれました。

ところが、二五歳くらいから、与えられた練習メニューをこなすと、翌日まで疲れが抜けないということが増えてきたのです。それでも無理して練習を続けていると、今度は眠れなくなったり食欲が落ちたりと、明らかに体調が悪くなっていきました。それでようやく自分でも、年齢による体力の低下という現実を認めざるを得なくなったのです。

だったら練習量を落とせばいいんじゃないの。

そう思うかもしれません。でも、それが難しいのです。

それまでずっと練習には全力で臨むのが当然だと思っていたので、疲れが残るから量を減らそうとすると「それって甘えじゃないの」「その程度の練習じゃ世界で戦えないわよ」という心の声が聞こえてきます。

はっきりいって、明日のことなど考えず目いっぱい練習したほうが、からだはともかく精神的には楽なのです。よく、休むのも練習の一環という言い方をしますが、がんばればできるのに練習を控えるというのは、想像以上にたいへんなことでした。

それに、私の年齢でトップ選手としてやっていた人は、これまで国内ではいなかったので、参考にする前例もありません。それはコーチも同じですから、アドバイスのしようがないのです。

結局、自分の年齢と体調に合った練習量がわかるようになるまで、三年くらいかかりました。

これに関しては試行錯誤を繰り返して、自分で納得できる量を探すよりほかないと思います。

どこで可能性に見切りをつけるか

好きなこと、やりたいことがあるのなら、自分に才能があるかどうか考える前に、とりあえずやってみたほうがいいと私は思います。

それをやることによって誰かに迷惑がかかるなら別ですが、そうでないなら勇気をもって挑戦すべき。夢があってもその夢に向けて踏み出さなければ、その夢がかなう可能性はゼロです。

そして、始めたらあまり焦って結果を求めてはいけません。

成功した人にその秘訣を聞くと、よくこんな答えが返ってきます。

「成功するまで努力をやめない」

本当にそのとおりです。とくに私のような晩成型の人間にとっては、まさにこれが実感だといっていいでしょう。

あきらめて投げ出してしまったら、すべてはそこで終わってしまいます。けれども、踏みとどまって努力を続けていれば、いずれどこかで季節外れの花が咲くかもしれないのです。

たしかに、自分が悪戦苦闘している間に周りの人がどんどん先に行ってしまったら、早く追いつかなければと焦りの気持ちが湧いてくるのも、それはそれで無理はありません。

でも、焦りは大敵。

そういうときは、山登りを思い描いてください。

初心者が日ごろ訓練をしている人と同じペースで登ろうなんて、そんな無謀なことをしたら、すぐについていけなくなって、途中で登山を断念するのは目に見えています。

山は逃げはしません。スピードを競うのではなく、頂上に立つことが最終的なゴールなら、自分のペースで一歩一歩足を運んでいく。そうすれば七〇歳のお年寄りだって、富士山頂でご来光を拝めるのです。

ただ、現実には、やってもやってもなかなか結果が出ないと「いったいいつまでこんなことを続けなければならないのだろう」「もしかしたら自分はものにならないかもしれない」と不安に襲われ、それで心が折れてしまう人も少なくないと思います。

親元にいて好きなことだけやっていても許される高校生や大学生がそんなことを言ったら「なにを弱気になってるの。まだまだ時間はあるじゃない。自分を信じてがんばりなさい」と、私なら一喝します。

けれども、社会人ともなると、ことはそう簡単ではありません。自分で自分の生活の糧を得なければならないのはもちろん、果たさなければならないさまざまな義務や責任も生じてきます。養わなければならない家族がいるならなおさらです。

また、年齢が上がるにつれて、未来の選択肢はどうしても少なくなってきます。最初は野球選手を目指していた人が、二〇歳前にサッカー選手に方向転換を図っても、その後のがんばりによってサッカー選手の夢はかなうかもしれません。しかしながら、三〇歳を過ぎるまで野球一筋で来て、うまくいかないからやっぱりサッカー選手になろうと一念発起したところで時すでに遅し、その夢が実現する確率はほぼゼロといっていいでしょう。

だから、思うように結果が出ない場合は、どこかでその夢に見切りをつけることも、現実的には必要になってきます。

私は大学を卒業して社会人になるときに、まさにこの問題に直面しました。

フィギュアスケートの選手は一握りのトップスケーターを除いて、大学卒業を機に現役を引退するのが常識といわれていた時代です。私もそう思っていました。

けれども、大学入学早々摂食障害に見舞われ、選手としての貴重な一年を棒に振ってしまった私には、フィギュアスケートをやりきったという実感がどうしても持てませんでした。

それに、大学四年生のときには、全盛期に近いくらい状態もよくなってきて、一時外されていた強化選手にも再び選ばれ、卒業の直前に行われたトリノユニバーシアード冬季大会では優勝もしていたので、まだまだやれるという自信も、日に日に強くなっていたのです。

ですが、フィギュアスケートを続けるとなると、それなりにお金もかかります。そうすると、どうしても親の援助に頼らざるを得ません。大学の同級生はみな就職して自立した社会人になるというのに、自分だけそんな甘えたことを言っていていいのかと、真剣に悩みました。

そのときは、母がそんな私を見て「しょうがないわね。あなたは一年休んだのだから、あと一年は面倒みてあげるわよ」と言ってくれたのと、その直後に地元の邦和スポーツランドから契約社員のお話がいただけたことで、じゃあもう一年だけがんばろうという気持ちになったのです。

もし、その二つのうちのどちらかが欠けていたら、私はそこでスケート靴を脱いでいた可能性は大いにあります。その場合は、やりきらなかったという後悔を、きっといまでも引きずっていたでしょう。

誤解しないでいただきたいのですが、私は自分がオリンピックに出られるかもしれないから続けたいと思ったわけではありません。ただ、自分が大好きなフィギュアスケートを精いっぱいやって、完全燃焼して終わりたかったのです。
だから、たとえバンクーバーやソチオリンピックに出られなかったとしても、「やっぱりあそこでやめておけばよかった」と、続けると決めた自分の決断を悔いることは絶対になかったといえます。

社会人になってからは、そんな私の考え方も少しずつ変わってきました。いくら自分が「まだできる、もう少しやりたい」と思っていても、コーチや外部の人の眼には、「これ以上教えても、明子にはもう伸びしろはない」と映っているかもしれません。
もしそうなったら、そのときは潔くやめようと思いました。私の自己満足を満たすために、多くの人に迷惑をかけるのは嫌だったからです。

それで、あるときコーチには自分から「選手としてこれ以上やっても無理だと感じたら、その時点で私にはっきり『もうやめろ』と言ってください」と伝えました。

けれどもコーチからダメ出しをされる前に、私は自分の判断で引退を決めることができたので、その点は運がよかったといえます。

それに、自分の性格を考えると、やめろと言われたら「まだできるもん」と逆に意地になって、かたくなに現役にこだわりつづけ、周囲を振り回していたような気も……。


とにかく、どこまでやるか、どこでやめるかを決めるのに、こうしたらいいという正解はありません。私の場合は、やりきった感と他人に迷惑をかけていないかが判断基準でしたが、これは人によっても違うと思います。

結局、自分で悩みながら結論を出す以外ないのではないでしょうか。

環境を変えてみる

高い壁を前にどうにも行き詰まってしまったら、思い切って環境を変えてみるというのもひとつの手です。

実際、フィギュアスケートでは、伸び悩んでいた選手が練習場所やコーチを変えることで、新しい自分を発見し、ひと皮むけるということはよくあります。

同じことを指導するにしても、やり方はみな同じではありません。人によって言葉や表現方法はかなり違います。それに相性というのもあるので、それまで一〇〇回言われてもわからなかったことが、コーチが変わったら一発で理解できたといったことも珍しくないのです。

また、環境が変わると会う人も変わるし、生活もそれまでとまったく同じというわけにはいかなくなって、日常のいろいろな面でも変化が生じます。それが刺激となり、眠っていた自分の感性や創造性、チャレンジ精神などが目を覚ますという効果も見逃せません。

これは私も経験があります。

私は二〇一〇年のバンクーバーオリンピックの前、初めて海外で外国人の振付師に指導を仰ぎました。

ずっとそうしたいという気持ちはあったのですが、海外に行けばお金もかかるし、私の英語力で日常のコミュニケーションがスムーズにいくかも不安で、二の足を踏んでいたのです。

それが、コーディネートしてくれる人がたまたま見つかって、飛行機やホテルの手配なども全部やってくれると聞き、「じゃあ行ってみようかな」と、ようやくその気になったのでした。

そうしたら、案ずるより産むが易しとはよくいったもので、海外生活は意外にも快適で、心配していたような生活の苦労はほとんどありません。おかげで、安心して練習に集中することができました。

臆病で殻を破るのに人一倍時間がかかるくせに、破ったあとは途端に大胆になって、好奇心の赴くままにあれもこれもやりたくなる。私のこの性格は、基本的にいまも変わっていません。

この一度の体験で海外に対する恐怖心がすっかりなくなった私は、翌年になると、今度は無謀にもコーディネーターの手を借りず、全部自分でやってみようと、単身でアメリカ・デトロイトの振付師のところに行くことにしました。

自分でキッチン付きのアパートを借り、移動手段はレンタカーです。もちろん手続きは全部自分でやりました。一年前とは大違いです。

しかし、さすがにひとりでなんでもやるとなると、失敗は避けられません。

たとえばガソリンスタンド。店員さんが給油してくれる日本と違って、アメリカはセルフサービスです。みんな当たり前のように自分でガソリンを入れているのに、私はどうしたらいいかさっぱりわかりません。仕方がないのでそばにいる人をつかまえて、カタコトの英語で使い方を教えてもらうという日々がしばらく続きました。

私の拙い英語でも、身振り手振りを交えればなんとか意思疎通ができる。それがわかってくると、ボディーランゲージなしだったらどれくらい通じるのかが知りたくなってきました。

それで、次に挑戦したのがドライブスルー。ところが、これはかなりの難関でした。アメリカは細かいところまで何でも自分で決める国なので、「コーヒー」と言うと、「砂糖は？　ミルクは無脂肪？　カフェイン入りとそうじゃないのとどっち？」と早口で質問が返ってきます。

これが聴き取れず、「もう一回言って」みたいなやりとりを顔の見えないスピーカーを通してやっていると、気がつけば後ろには、順番待ちの車が長蛇の列。結局ドライブスルーにもかかわらず、商品を渡す窓口まで行ってそこで店員にメニューを借りてオーダーし直すということが何度もありました。

それまでの私はそういうことがあると、すぐに萎縮して、「ドライブスルーなんてもうまっぴら」となってしまうタイプでしたが、異国に来て、甘えていられない環境に置かれたおかげで、知らず知らずのうちにかなり大胆な性格に生まれ変わっていたようです。

カフェで注文が通じなくても平気になりました。

私はあるカフェチェーンの「ラベンダーアールグレイティーラテ」が、いちばんのお気に入りです。でも、アメリカ人の店員にこう言っても、とくに「アール」の発音が日本人の私には難しくて、なかなかわかってもらえません。何回言い直しても通じないと、最初のうちは「じゃあもういいや」と妥協して、普通のラテを頼んだりしていました。

ところが、そのうち飲みたいドリンクがそこにあるのに飲めないという状況に、だんだん腹が立ってきたのです。

「なんとしてもこっちの意思を相手に伝えてみせる」。あるときそう決心した私は、まず発音を矯正しようとアメリカ人の選手をつかまえて「アール」を徹底的に教えてもらうことにしました。

さらに、そのカフェチェーンを訪れたときは、「ラベンダーアールグレイティーラテ・プリーズ」と必ず注文し、通じるまで粘ることを自分に課したのです。

おかげで、最後のほうはかなりの確率で大好きなラベンダーアールグレイティーラテが、アメリカでも飲めるようになりました。

まさに環境が私の精神を鍛えてくれたのです。

そして、このとき手に入れたたくましさが、スケートはもちろん、その後の人生全般にプラスの影響を与えてくれたことはいうまでもありません。

目標には覚悟が必要

〝鈴木明子はオリンピックという目標に対する並々ならぬ思いがあったので、人より長く現役を続けられた〟

そんなふうに見られがちですが、決してそうではありません。

二三年の選手生活でオリンピックを強く意識して練習していたのは、バンクーバーとソチの前の、それぞれ一年ずつくらいですから、せいぜい二年間。あとの二一年は、ひたすら「もっとうまくなりたい」「理想のスケートに近づきたい」ということしか頭にありませんでした。

誤解を恐れずに言えば、自分のイメージどおり滑れるようになることのほうが、オ

リンピックでメダルを獲るよりも、私にとっては重要だったのです。

もちろん、なかにはオリンピックが終わった途端、次のオリンピックを目標に練習を始める人もいるでしょう。

では、私がバンクーバーオリンピックの直後から、四年後のソチに出場し、さらに上位入賞することを目標に掲げていたら、ソチでは八位入賞よりもいい成績をあげることができたでしょうか。

たぶん、そうはならなかったと思います。

成功するためには、最初に目標を定め、そこに向かって効率的に努力する。自己啓発を勧める本を読むと、よくそういうことが書かれています。

それは間違いではありません。私自身も「よし、次のオリンピックに出るぞ」と決めたら、練習もそれにふさわしい内容に変更します。具体的にいうと、オリンピックというゴールから逆算して、いま何をやらなければならないかをコーチと確認し、そ

WATER

2010年開催のバンクーバーオリンピックでは8位入賞。長久保コーチと。

れを練習プログラムに落とし込んでいくのです。

私は、バンクーバーのときもソチのときも、だいたい一年前に、練習をそのようなオリンピック仕様に変えました。

だったら一年前ではなく、四年前からそうしたほうが、より確実にオリンピックに参加できるし、いい成績も残せると思うかもしれませんが、私にはそれは無理でした。

「次のオリンピックに出場する」

私がそう宣言したとしましょう。すると、その瞬間からコーチをはじめいろいろな人が、その実現に向けて動き出します。

オリンピックに出場するには、選手がひとりでがんばってもそれだけではどうにもならず、多くの人の協力やサポートが不可欠なのです。

そして、そういうひとつの大きなプロジェクトが立ち上がったら、もう途中で「やっぱりやめた」というわけにはいきません。かかわるすべてのメンバーに対して、責任を負わなければならなくなるのです。

また、オリンピックに出るとなると、生半可な練習では間に合いません。ギリギリまで自分を追い込む過酷な日々が続くのは避けられず、それに耐えなければならないのです。

だから、オリンピックを目指すかどうか、私はいつもギリギリまで迷いました。

その代わり、「オリンピックに出場する」と口にしたときは、それにまつわるすべてのことを引き受けると覚悟が決まったときですから、もうぶれることはありません。

このように、目標には必ず責任と覚悟が伴います。それゆえ目標を掲げたときは、成功の可能性が高まるのです。

逆に、責任も覚悟もないままただ目標だけを決めても、それはあまり意味がないでしょう。

ましてや「こうなりたい」という自分の願望をただ念じていたり、紙に書いたものを眺めていたりするだけで、それが現実になるとは私には思えません。

長久保コーチもよく「このジャンプが跳びたい、跳びたい……と布団の中で何百回唱えたって、絶対に跳べるようにならない」と言っていました。

ジャンプが跳べるようになるには、跳べるまで練習する。それがどんなにつらく苦しいことであっても、ほかに道はないのです。

トップ選手に共通な「素直さ」

目の前の壁が高すぎて自分ではどうにもならないときは、信頼できる人の言葉に真摯に耳を傾けてみることをお勧めします。

長年にわたって私のスケートを指導してくださった長久保コーチによれば、**トップ選手に共通しているのは、根が素直だということ。**

「誰が見ても黒だけど、僕が『これは白だ』と言ったら『はい、白です』と答えるくらいの素直さの持ち主でないと、世界レベルの選手にはなれない」とか。

じゃあ私自身はどうかといったら、コーチに白と言われても、それが私には黒に見えたら、「先生、それは黒ですよ」と、よく反発していました。

それでも自分では自分のことをかなり素直なほうじゃないかなと思っています。

たとえば自分では精いっぱい伸びて滑っているつもりなのに、コーチから「曲がってるぞ」と言われると、「何言ってんの、これ以上は無理に決まってるじゃない」と心の中で悪態をつきながらも、私は絶対に拒絶はしません。「まあ先生がそう言うんだから、もっと伸びてみよう」と、とりあえずコーチの言葉を受け入れ、そのとおりやってみるからです。

たぶん、長久保コーチの言う素直さというのは、そういうことだと私は解釈しています。

黒いものを白だと言われたら、何も考えずそれを白と認めてしまう。それでは単なる指示待ち人間になってしまいます。

指示待ち人間では、自分で壁を越えられる力はつきません。とくにフィギュアスケートでは、コーチの指示がないと動けないような選手は、世界はおろか国内でも通用しないでしょう。

というのもフィギュアスケートは氷の上に出ていったら、もうコーチに頼ることはできないからです。本番でコーチができるのは、せいぜいリンクの外から「もっとスピード！」と叫ぶくらい。途中でミスやアクシデントがあっても、自分の判断で即座に修正し、最後まで滑り続けなければなりません。

指示待ちでは、その力がつかないのです。

では、素直というのはどういうことをいうのでしょう。

それは、コーチから何か言われたら、仮にそれが自分にとって納得できることではなくても、いったん受け入れ、なぜコーチがそう言うのかを考えられる。さらに、言われたとおりやることを躊躇しないということです。

そのうえで、何が正しいか自分で答えを出す。その答えは、最初の自分の考え方ややり方よりも、確実に進化しているはずです。

また、自分のスタイルに固執し、周囲の助言やアドバイスに耳を傾けられない人は、一度つまずくとなかなか立ち直れません。そういう意味では指示待ち人間と五十歩百歩です。

素直な人間ほど逆境に強い。ぜひ覚えておいてください。

ときには戻ることも有効

やってもやっても前に進めない。別のやり方も試した。人の意見も参考にした。それなのに一向に進歩がなく、もうお手上げ。

そういうときは、いったん前に進むのをやめて後ろに下がると、解決策が見つかることがあります。

現役時代にジャンプの練習をしていたとき、どうしても着地がうまくいかず悩んでいたら、コーチからこんなことを言われました。

「着地じゃなく、空中姿勢を見直しなさい」

つまり、着地がうまくいかないということは、その前段階であるジャンプの空中姿勢に問題があるのだから、そこを直せというわけです。

そして、もし空中姿勢が修正できないなら、さらにその前に戻って、今度は踏み切りを見直す。

そうやって一段階ずつステップバックしていくと、ここが正しくできていないというところが必ず見つかります。

そうしたら、そこを直せばあとは順番によくなっていくから、着地もできるようになるとコーチはアドバイスしてくれたのです。

基礎となる技術がきちんと身についていないと、そのときは勢いでごまかせても、そのつけは、いずれどこかで出てきます。それが壁の原因になっているケースも少なくありません。

だから、行き詰まったら何段階か戻ってみるというのは、ときに壁を越える有効な手段となるのです。

しかし、前進ではなく後退というのは、実際にはたいへん勇気が要ります。

「やったことをもう一度見直すなんて、そんなの時間の無駄」

「ライバルたちが難しいことに挑戦しているのに、自分だけレベルの低いことをやるのは恥ずかしい」

自分の中に湧いてくる、そういうネガティブな気持ちと戦わなければならないからです。

私もそうでした。

ただ、私の場合は「カッコつけてたってうまくならないぞ」と情け容赦なく叱咤してくれるコーチがいてくれたおかげで、気が進まなくてもやらざるを得なかったことが、逆にラッキーだったといえます。

また、壁の真下にいると、ただその高さに圧倒されてしまいがちですが、**後ろに下がって引いて見ることで、壁の全貌が見渡せるようになるという効果も見逃せません。**

ソチオリンピックの前年、一年後のオリンピックを目指すと決意を固めて臨んだ世界選手権で、私は一二位と思ったような結果が出せず、いきなり自信を失ってしまいました。

その後の練習も思うようにいかず、「こんなことで本当にオリンピックに行けるのだろうか」と、日に日に焦りばかりが募っていきます。

そんな私を見かねたのか、あるとき母が私にこう言いました。

「明子はソチオリンピックという山の高さがわからないまま登り始めているみたい。

一度遠くから山全体を眺めてみたら」

この言葉に私ははっとしました。

ソチというとてつもなく高い山。そこに私は挑戦する。それまで私の頭の中には、そういう漠然とした意識しかありませんでした。でも、肝心の山の全体像がわかっていなかったのです。それで練習をやってもやっても、いま何合目まで来ているのか、あとどれくらい登らなければならないのかがわからなかった、それが焦りの種になっていたのです。がむしゃらに前に進むだけでなく、立ち止まり、戻ってみることで、道が開けることもある。

急がば回れですね。

私のスランプ脱出法

それまで順調に伸びてきていたのに、突然成長が止まってしまう。それまでと同じように練習しているつもりなのに、なぜか結果が伴わなくなってきた。

そんなスランプは突然やってきます。

そういうときいちばんやってはいけないのは、「あれもできない、これもできない」と、うまくいかないことばかり数えて自分を責めることです。

とくに完璧主義の人ほど、こうなってしまいがち。それは、なにを隠そう私のことでもありますが……。

でも、そうやって自分を責めても、いいことはひとつもありません。どんどん自信がなくなって自己嫌悪に陥るだけです。

そのうちに、自分の人生そのものがダメなように思えてきます。こうなると、あらゆることが不安になって、それまでできていたことまで失敗するようになってしまいがちです。


でも、よく考えてみてください。スランプといっても、すべてが一様にできなくなることはありません。

フィギュアスケートでいえば、三回転ジャンプが跳べないと、それまで跳べていた二回転まで跳べなくなるわけではないのです。

だから、自分がスランプだと思ったら、一度頭を冷やして、いまできることとできないことを、きちんと整理してみるといいでしょう。

そうすれば、何から手をつければいいかが自ずから見えてきます。少なくとも、全面的に自信喪失になることは避けられるはずです。

それから、難しい課題に挑戦しすぎているのがスランプの原因ということもよくあるので、ためしに課題のレベルを思い切って下げてみるのもいいと思います。

たとえば、練習の課題を、がんばれば一週間以内にクリアできそうなことだけに絞るのです。

そうして、できたことを一つひとつ確認するということを繰り返していると、そのうちに失われていた自信も少しずつ回復してきます。

それから、**スランプで心が弱っているときは、無理やりカラ元気を振り絞るよりも、「本当につらい」「自信が持てない」と、弱い自分をさらけ出してしまうことのほうを、私はお勧めします。**

私は、よく母に愚痴を聞いてもらっていました。心の中に溜まっているもやもやを吐き出したあとは気持ちがすっきりして、やる気が回復してくるのです。

それに、自分の苦しい気持ちを打ち明けた友だちから返ってきた励ましの言葉、あるいは「これ読んでみたら」とこちらの状態を察して紹介してくれた本などが、スランプ脱出のきっかけになることもあるので、気がおけない友人、知人には、どんどん弱音を吐いてください。

たしかに人の愚痴を聞かされる人はあまりいい気持ちはしないでしょう。だからといって遠慮することはありません。逆の立場になったら今度はあなたが聞き役、励まし役になってあげればいいのです。

第4章 本番で力を発揮するには

Akiko Suzuki
Dreams come true

練習で一二〇点とれなければ本番で一〇〇点は無理

試合で名前を呼ばれてリンクに登場するとき、自信満々ということは一度もなかったといっていいと思います。

たとえ満面の笑みを浮かべていても、心の中はいつも不安でいっぱいでした。

しかし、いつまでも不安な気持ちのままというわけにはいきません。コールされてから演技を開始するまでの持ち時間は一分以内。その間に不安を払拭し、平常心で滑り出さなければならないのです。

そのとき私は、これまで練習してきたことを思い出すようにしていました。

「私は、あのつらく苦しい練習に耐えたじゃない」

そうやって自分に言い聞かせていると、だんだんと心が落ち着いてきます。そして、

「結果は神様が決めてくれる」と自然と思えたら、もう大丈夫です。
ただし、それは満足いく練習ができたときにかぎります。

もし、練習がうまくいっていなかったり、やり残したことがあったりしたまま本番を迎えていたら、「私はできるはず」といくら自分を納得させようとしても、まずうまくいきません。自分で自分をだますことはできないのです。

本番では、何もないところで転んだり、練習では絶対にミスしないジャンプが跳べなかったりといった思いがけないことが、必ず何かしら起こります。練習でできたレベルのことが、そのまま本番でできるなんて、そんな保証はないのです。ましてや練習以上の力が本番で出せることなんて、絶対にありません。

練習で一二〇点の結果を出せて、初めて本番で一〇〇点の演技をすることができるのです。

だから、本番をより平常心に近い状態で迎えたいなら、とにかくその前に徹底的に練習しておくことです。

では、緊張したり、あがって実力が発揮できなかったりするのを防ぐために、精神力を鍛えようと座禅を組んだり、滝に打たれたりといったことは効果があるのでしょうか。

私は、そういうことをやったことがないので、よくわかりません。私だったらそんな時間があるのなら、その分スケートの練習をもっとしたいと思います。

やっぱり私にとっては「これだけ練習をやった」ということが、もっとも効き目のある精神安定剤です。

絶好調は危険

大事な試合があるときは、そこに体調がベストになるよう、何カ月も前から慎重にコンディションを調整します。

それでも、毎回完璧な状態で本番を迎えられるわけではありません。故障が癒えずにからだのどこかに痛みが残っていたり、調子がどうしても上がってこなかったりで、一〇〇%の仕上がりということはほとんど記憶にありません。

ソチオリンピックのときも、右足小指の痛みがとれず、スケート靴を履くのもままならないといったありさまでした。

それでも、ごくたまにどこにも気にかかるところがなく、からだが思いどおりに動く「絶好調」に本番が重なることがあります。

しかし、そういうときこそ逆に要注意なのです。

「今日は、からだが軽いな」と調子よく滑っていると、スピードが出すぎたり、ジャンプでいつもより高く跳んでしまったりしがちで、そうなるとタイミングがずれて、結局思い描いていたのとは別物の演技になってしまいます。

それから、練習の調子がよすぎたときも危険です。

「今回はすべて予定どおり準備できた。やり残したことは何もない」

そうやって自信満々で滑り出し、そのまま最後までいければいいのですが、途中で何かひとつミスをしてしまうとたいへんです。

「練習ではこのジャンプは一度も失敗しなかったじゃない」

「もっと高く跳べていたのに」

「もしかしてまだ練習が足りなかったのかもしれない」

と、なまじ準備万端だと思い込んでいただけに、何が起こったかわからずパニックになって、たちまち平常心が失われ、立て直せないまま終わってしまうというケースは枚挙にいとまがありません。

その点、どこかに不安を抱えているときのほうが、かえってミスが少なくいい演技ができるのだから不思議なものです。

ベストコンディションじゃないからこそ、注意深く丁寧に滑ろうとするのがいいのでしょう。

ちなみにソチオリンピックのときは、演技の前にこう思っていました。

「この足じゃ思うようにジャンプは跳べないかもしれないけど、スケートってジャンプがすべてじゃない。それに、私はもともとジャンパーじゃないんだから、ジャンプが跳べなくたってどうってことないじゃない。それよりも、最後まで自分のスケート、私らしい表現にこだわろう。いまできる最高の演技をしよう」

その結果が二大会連続の八位入賞でした。


それでは、もしどこにも不調を抱えず、最高の状態で出場していたらどうだったでしょう。

そうしたら、「もっとジャンプを跳びたい」「全日本選手権を超える演技をしよう」といった欲が出てしまって、かえって私らしいスケートができなかったかもしれません。

要するに、**現在の自分の体調や実力を冷静に判断し、それ以上でも以下でもない等**

身大の自分を見せられたら、それがその人にとってベストのパフォーマンスなのだと私は思います。

ミスを引きずらないコツ

フィギュアスケートの試合にミスは付きものです。

しかし、ミスをしたからといって「どうしよう、どうしよう」といちいち悩んでいたら、わずか四分間しかない演技時間は、あっという間に終わってしまいます。

だから、ミスをしてしまったら、とにかく引きずらないこと。瞬時に頭を切り替えられることが一流選手の条件だと言っても過言ではありません。

でも、どうしたらそううまくいくのでしょうか。実は、私も頭の切り替えはあまり得意なほうではなく、いつも苦労していました。

それでいろいろ試行錯誤した結果、これは有効だと思った対策をご紹介します。

まず、「あ、ミスした」と思ったら、次の瞬間なぜミスをしたのかを理解する。

たとえば、ジャンプを失敗して転んでしまったとしましょう。ジャンプが高く上がりすぎたとか、回転が速すぎたとかが原因だとわかれば、次から少し力を抑えることで同じミスは避けられます。この種のミスは修正が比較的やさしいので、後々まで尾を引くということはあまりありません。

一方で、タイミングの遅れや、高さ不足によるジャンプの失敗を、競技中に修正するのはかなり至難の業です。それでも、「次は早めにジャンプに入ろう」「高く跳ぼう」と修正すべきポイントがはっきりしていれば、「また失敗するかもしれない」といたずらに不安になることは避けられます。

それから、普段からミスをしてもかまわず最後まで演技を続けることを心がけて練習する。そうすると、本番でも気持ちの切り替えがスムーズにいくようになります。

とくに私のような完璧主義の人間には効果的です。

私は、もともと練習でミスをすると、すぐにそこでいったん中断し、コーチに「こういうミスをしました」と報告をして注意や指導を受け、また一から始めるということをずっとやっていました。


ところが、試合になると、いくら「しまった、ミスしちゃった。スタートからやり直したい」と思ってもそんなことはできません。そうすると、小さなミスをしてもそのことで頭がいっぱいになって演技そのものがダメになってしまうのです。

そこで、思い切って練習から、ミスをしてもとにかく最後まで気持ちを切らずにやりきるようにしたところ、本番でも完璧とはいえませんが、ひとつのミスで全体がガタガタになってしまうようなことはなくなりました。


とにかく、**試合中にミスをしたことをいくら後悔したところで、やり直しはきかな**

いのですから、ひとつのミスはすぐに忘れて、総合点を上げることを考えたほうがいいと思います。

自分のためより誰かのためのほうが力が出る

ソチオリンピックの代表選考会を兼ねた二〇一三年の全日本選手権の一週間前に、私は突然ジャンプが跳べなくなってしまいました。

最初は、「あれ、ジャンプの調子が悪いな」という程度だったのですが、「せっかく一年前から準備してきたのに、こんな状態で本当に本番に間に合うのだろうか」「もし代表になれなかったらどうしよう」とあれこれ考えているうち、精神的にどんどん追い詰められて夜も寝られなくなり、気がついたら気持ちとからだがバラバラで、まったく思うように滑れなくなっていたのです。

長久保コーチが技術的に崩れているところを必死に修正してくれるのですが、全然よくならず、ついに棄権するかどうかというところまできてしまいました。

実は、そのときまで私は、自分の心の内を、コーチにきちんと伝えていなかったのです。弱い自分を見せたくないというのがその理由でした。でも、もうそんなことも言っていられません。

そこで、初めてコーチに、自分がどういう精神状態であるかを説明しました。思いっきり吐き出したと言ったほうがいいかもしれません。

コーチはそんな私の話を聞くと、しばらく考えてこう言いました。

「時間はギリギリだけど、僕のすべてを懸けてなんとか間に合わせるから、一週間必死にやろう」

そのとき私はコーチの言葉を聞いて、本当にホッとしました。

「それまでひとりで全部背負いこんでいた重荷を、長久保コーチが半分引き受けてくれる」。私にはコーチの言葉がそう聞こえたのです。

それから、そのとき私の前に、もうひとりの救世主が現れました。

それは私の母です。

それまでも、苦しくなると母にはよく愚痴をこぼしていましたが、そのときも同じように、「ジャンプが跳べない」「練習に行くのがつらい」と、自分がどんなに苦しいかを母に訴えたのです。

そうしたら、母は私にこう言いました。

「そんなに苦しいのなら、やめてもいいわよ。だけど、ここまでがんばってきてやめるのも悔しいでしょ。そうしたら、こうしない。最後の全日本選手権は自分のためでなく、私のために滑るってどう？」

たしかにそれまで私は、「自分のためにがんばらなきゃ」「自分のために弱音は吐けない」と、自分のためにスケートをやってきた、それは間違いありません。

自分のためなら、やめたっていいわけです。そうすれば、とりあえず現在の苦痛からは逃れられます。

ところが、母から「私のために滑って」とお願いされてしまいました。

「そうか、母のために滑ればいいのか」

そう思ったら、「よし、いっちょやるか」とやる気が突然湧いてきたのです。

そして、一週間後、私は全日本選手権で初優勝し、ソチオリンピックの切符を獲得しました。

自分ひとりで歯を食いしばって立ち向かっていたら、きっと私は優勝はおろかスタートラインにも立つことができなかったでしょう。

親身になって協力してくれるコーチと母、その思いに精いっぱい応えようと思ったとき、ものすごいパワーが私に宿った気がしました。

自分のためよりも、大切な人のためのほうが、大きな力を出すことができる。人間ってそういうふうにできているような気がします。

2013年全日本選手権では13度目の挑戦で初優勝を果たす。

第5章

私が尊敬する遅咲きの人たち

Akiko Suzuki
Dreams come true

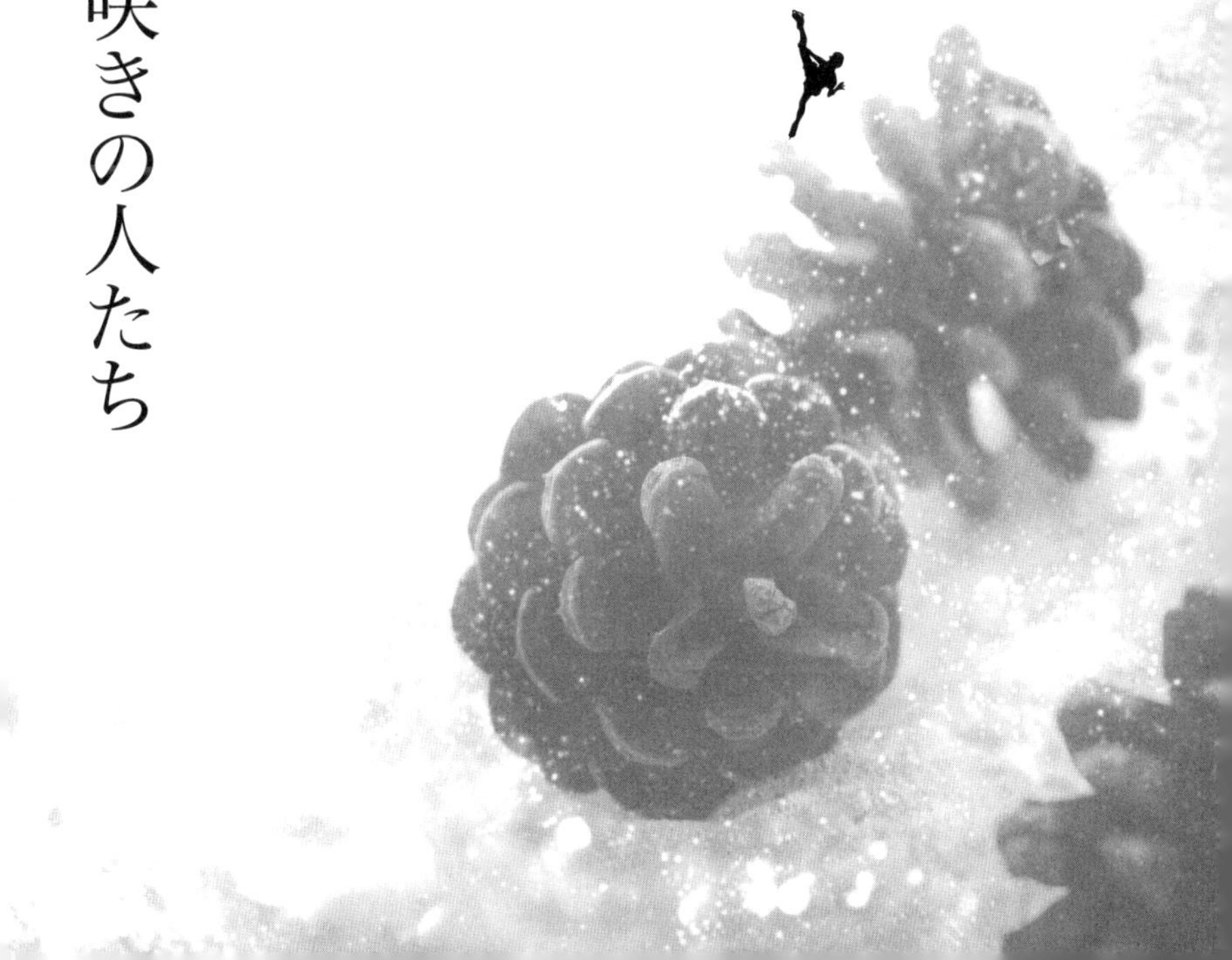

何かをやるのに適した時期というのはたしかにあります。

とくに、人間の肉体的機能の多くは一〇代から二〇代にかけてピークを迎えるので、体力に依存するスポーツの分野は、年齢の影響を強く受けがちです。

では、適正年齢を過ぎたアスリートは、潔く競技から離れるべきなのでしょうか。

そう思ってスポーツ界に目をやると、これまでは引退して当たり前と思われていた年齢を越えても、第一線でがんばっている人が意外にたくさんいることに気がつきます。

たとえばハンマー投げの室伏広治選手は、三九歳と明らかに肉体的には盛りを過ぎているといっていい年齢で参加した二〇一四年の日本陸上競技選手権で、他を寄せ付けず二〇連覇を果たしました。

また、プロ野球・中日ドラゴンズの山本昌投手は、四八歳のいまも現役を続けています。

ほかにもサッカーの三浦知良選手や、テニスのクルム伊達公子選手など、四〇代でもなお輝きを失っていません。

どの競技でも、いまは運動生理学に基づいた科学的なトレーニングが取り入れられるようになっていて、その結果、昔と比べ選手寿命が長くなったのは間違いないといえます。

しかし、要因はそれだけではありません。いちばん大きいのは、長く続ける選手を見て、自分もできると考える人が増えてきたことではないでしょうか。

スポーツ界に限らず、何歳になったらもう現役を離れ後進に道を譲るという常識には、もともと根拠がなかったり、現在では常識とはいえなくなっていたりするものが、実はたくさんあるのです。

だから、いつまで続けるかを決めるときは常識に縛られるのではなく、自分で判断することが、現代では大事だといえます。

それにはベテランと呼ばれる年齢になっても、力を発揮する術を知っていて、若者にも負けない成果を上げている人が数多くいることを知っておくといいでしょう。

「もう若くないから」

「もっと早く始めていたらよかった」

彼らの活躍は、そういう言い訳には意味がないことを教えてくれます。

そして、何より勇気と希望を与えてくれる。

ここでは、私が尊敬するそんな晩成力の持ち主をご紹介します。

圧倒的な存在感〜**市村正親さん**

市村正親さんが最初に劇団四季の舞台に立ったのは一九七三年、以後現在にいたるまで半世紀近く現役の舞台俳優として活躍しています。

私は市村さんを取り上げたテレビのドキュメンタリー番組でそのことを知り、俄然彼に興味をもつようになりました。

「どうしてそれだけの長い期間トップスターとして舞台に立ち続けることができるのだろう」

ジャンルは違えど同じ表現者として、まずそこに驚嘆しました。

しかも、市村さんの場合、いったん公演が始まると一カ月もの長丁場です。一方、私たちスケーターの行うアイスショーはせいぜい数日。もし同じ場所で同じ内容を一カ月も繰り返すとなったら、最後まで緊張を切らさずにできるか、正直私には自信がありません。

さらに、市村さんは、毎回バレエのレッスンをしてから舞台に上がるのです。どうしてそこまでストイックになれるのでしょう。

それで、もしこの先ご一緒する機会があるなら、そのあたりのお話をぜひうかがいたいとずっと思っていたところ、引退して間もなく、あるテレビ番組（TBS系列『炎の体育会TV』）の企画で、その市村さんと会えることになったのです。

対面に先立って、タレントのあき竹城さんと一緒に日生劇場で市村さんが出演される舞台『ラブ・ネバー・ダイ』を観せていただきました。

実は、私は市村さんの舞台を観るのは初めて。期待で胸がいっぱいです。しかし、生の市村さんの演技は、私の期待をはるかに上回っていました。なにしろ最初の登場が、顔の見えない後ろ姿にもかかわらず、圧倒的な存在感があるのです。

フィギュアスケートでも「背中で表現する」という言葉をよく使います。みんなそれを意識して演技をするのですが、そう簡単にはできません。それを市村さんは「こうすればいいんだよ」と言わんばかりに、ものの見事にやってのけていたのです。

そして、舞台のあと控室で、市村さんとついに会うことができました。それも、私が化粧を直している鏡の後ろから憧れの市村さんが突然登場するという「ドッキリ」。

私は本当に心臓が止まるかと思いました。

その市村さんの、私がいちばん聞きたかった「舞台に立ち続けるモチベーションが衰えない理由は」という問いに対する答えがこれです。

「普通の人は自分の人生を生きることしかできません。だけど僕は、与えられた役になりきっている舞台の三時間、自分ではない別の誰かの人生を生きられるのです。こんなに楽しい仕事がほかにありますか。だから僕はこれからも、許されるかぎり舞台俳優を続けます。そのためにトレーニングが必要ならいくらでもやりますよ。楽をしたいなんて気持ちはまったくありません」

ちなみに、その日はけがのため、バレエの練習はできず、代わりに筋力トレーニングをしてから劇場に来たのだそうです。

それを聞いて私は「ああ、この人は本当に好きなことをやっているんだな」と思いました。

とにかくすべてが前向きで一生懸命、やる気に満ち溢れています。だからといって自分のことだけで精いっぱいではありません。ちゃんと周りが見えていて、細やかな気づかいもしてくれるのです。

私がフリープログラムでミュージカル『オペラ座の怪人』を演じていることまでご存じで、私のことを役名の「クリスティーヌ！」と呼んでくださったのには驚きました。

短い時間でしたが、市村さんには実に多くのことを教えていただき、本当に感謝しています。

真っ直ぐな人～葛西紀明さん

同じウインタースポーツをやっていながら、屋内と屋外ということもあって、お会いする機会はそれほどありません。何度かお目にかかってはいますが、いずれもあいさつ程度です。

でも、二〇年以上現役であり続け、私も出場した二〇一四年のソチオリンピックでは、四一歳で銀メダルを獲得するという快挙を成し遂げたレジェンド葛西さんのことは、自分と同じ遅咲き選手の大先輩として、ずっと注目してきました。

テレビや雑誌のインタビュー記事などから私が思い描く葛西さんは、「真っ直ぐでひたむきな人」です。

中学生のころから逸材として名を馳せていたものの、ケガや所属チームの廃部などもあって、決して順風満帆な競技人生ではありませんでした。

けれども、つらい時期もくさらずに、ひたすら努力を続けることができたのは、やはりスキージャンプが心から好きだったからに違いありません。

もしオリンピックやメダルが目標だったなら、葛西さんはソチの前に、すでに六回もオリンピックに出場し、一九九四年のリレハンメルでは団体で銀メダルに輝いているので、ソチまでモチベーションが維持できなかったと思います。

オリンピックに出場するというのは生半可なことではなく、どの競技でも二度と経験したくないような猛練習に耐えなければならないのですから、中途半端な覚悟では絶対に無理なのです。

ところが、四一歳の葛西さんは、さらりとそれをやってのけた。

不思議なのは、あれだけの偉業を達成したにもかかわらず、葛西さんからは、悲壮感のようなものがまったく伝わってこないことです。

それは、競技と向き合う葛西さんの姿勢が、それだけ純粋だからではないでしょうか。

「どこまでも遠くに、美しい姿勢で飛びたい」。葛西さんの頭には、それしかないように見えます。

だから、周囲も自然と、夢の実現に手を貸してあげようという気になるのです。

葛西さんには、ぜひ次の平昌オリンピックも目指してほしいと勝手に思っています。

ただ、私がそんなことを言わなくても、ご本人は飄々とやってしまいそうな気がしないでもありません。

葛西さんにはたしかにそんな雰囲気があります。そこがレジェンドと呼ばれるゆえんなのでしょう。

少年の心を持った人たち～古澤巌さん、ｃｏｂａさん、東儀秀樹さん

私がソチオリンピックで演じたショート・プログラム『愛の賛歌』の音楽は、バイオリニスト古澤巌さんにオリジナルバージョンで弾いていただきました。

この古澤巌さんとアコーディオニストのｃｏｂａさん、それから雅楽師の東儀秀樹さんというジャンルの違う三人が、一風変わったユニットを組んでライブ活動をしているのをご存じですか。

実はこの三人には共通点があります。

ひとつは、全員が一九五九年生まれということ。

もうひとつは、そろいもそろっておもしろいことが大好きだというところ。

五〇代になって、みなそれぞれの世界ではしかるべき実績を残し、第一人者と呼ばれています。けれども、「じゅうぶんやったし、もうここらへんでいいや。そろそろ落ち着こう」なんて、誰も思っていません。

「ジャンルの枠を超えれば、もっとおもしろいことができるかもしれない」

そんな思いを持った三人が、吸い寄せられるように集まって、気がついたら演奏が始まっていたのだそうです。

私は、昨年末に初めて彼らのライブを見にいって、たちまちファンになりました。

バイオリンとアコーディオンと雅楽という組み合わせがまず新鮮です。しかも、三人が三人とも一流の音楽家で演奏者ですから、レベルがめちゃくちゃ高く、素人には真似できないような高度なことも、なにげなくやってしまうのだから、観客はたまりません。

それに、なにより古澤さんもｃｏｂａさんも東儀さんも、音楽が好きで好きでたまらないみたいで、その気持ちが演奏を通じて伝わってくるのです。

だからでしょう、聴いているほうも自然とハッピーな気持ちになります。


「音楽好きな子どもがそのまま大人になって、好きな音楽で遊んでいる」

私はそんな印象を持ちました。

五〇代だから、もう羽目は外せない。

冒険や挑戦は若者の特権。

古澤さんにもｃｏｂａさんにも東儀さんにも、そんな意識はいっさいありません。

年とともに分別臭くなったり、年齢相応に落ち着いてしまったりするよりも、いくつになっても好きなこと、楽しいことを追い求めている人の生き方のほうが、よっぽど素敵です。

私もこういう歳の取り方をしたいな。

ジーンズに真っ白いシャツで「ヘイ・ジュード」を熱唱する東儀秀樹さんを見ながら、そんなことを考えていました。

2014年ソチオリンピック。8位入賞。遅咲きでも大丈夫なことを証明した。

おわりに

二〇一四年三月三〇日、日本スケート連盟の会長である橋本聖子さんに引退届を提出しました。

いま私は競技者ではなくプロスケーターです。

同時に、これから私には何ができるか、どんな可能性が自分にはあるのかを探している真っ最中でもあります。

これからやってみたいことはいろいろありますが、スポーツ選手にインタビューするような仕事もそのひとつです。

たとえば、思うように結果が出なかったとき、取材するほうはどうしても、選手本人からどうしてうまくいかなかったのか、理由を聞き出そうとしますよね。

でも、それはあまり意味がないと思います。なぜなら、一流のアスリートほど、すぐに理由のわかるようなミスはしないからです。

また、選手よりもコーチや監督のほうが、失敗の原因を正確に把握していることも少なくありません。

つまり、失敗の本質に迫るには、時間をかけた検証や、選手の周囲への取材が不可欠なのです。そういうことを時間をかけてやっていければと思っています。

それから、サッカー・ワールドカップブラジル大会の日本代表がグループリーグで敗退したあと、やれ戦略が間違っていた、やれコンディショニングに失敗したなど原因をあげつらい、あたかも予選を突破できる力はあったのに、誰かのせいでそれができなくなったという論調の記事があまりに多く、私は悲しい気持ちになりました。

どんな競技であれ世界レベルの戦いに出場するとなったら、用意周到に準備をするのが当たり前で、最初から軽く勝てるなどと考えている人は、選手にもスタッフにもひとりもいません。それでも思いどおりにいかないのがスポーツなのです。

だから、メディアが伝えるべきは、まずは選手たちが国の代表として力を発揮できるよう厳しいトレーニングを重ね、重圧に耐えてきたという事実ではないでしょうか。そういうアスリート側に立ったレポートが、自分ならできるのではないかと思っています。

スケートの魅力を世の中にもっとわかってもらって、競技人口を拡大していく。これもぜひやっていきたいことのひとつです。

先日、フィギュアスケートをやっている子どもたちに、表現の仕方を教えるということをやりました。

ジャンプの技術などを指導できる人は、すでにたくさんいると思いますが、自分の気持ちをスケートを通して観客に表現するにはどうしたらいいかを、きちんとしたメソッドで教えられる人はまだそれほど多くないので、私がそれをできるようになれば、これまでお世話になったスケートに、多少なりとも恩返しできるかもしれません。

あと海外の選手にも教えられるような振付師という大それた夢もあります。

とにかく、いまは焦ることなく、一つひとつ自分で確かめながらやっていこうと思っています。

そして、その時々で感じたことや考えたことなどを、またこうしてみなさんにお伝えできれば、こんなにうれしいことはありません。

カメのように歩みは遅くても、前に進むことをやめなければ、やがて自分が目指していた場所に必ずたどり着く日が来ます。

一緒に、ゆっくり行きましょう。

鈴木明子

愛知県豊橋市出身。1985年生まれ。161センチ。東北福祉大学卒。6歳からスケートをはじめ、15歳で全日本選手権4位となり注目を集める。10代後半は体調を崩し、大会に出られない時期もあったが、2004年に見事復帰。2006～2007年ユニバーシアード冬季大会で優勝。2009～2010グランプリシリーズ(中国)初優勝。世界のトップ選手の仲間入りを果たす。同年グランプリファイナルでは3位、全日本選手権では2位となり、念願のバンクーバーオリンピックの代表の座を勝ち取った。バンクーバーオリンピックでは8位入賞。多くの感動を生んだ。2012年世界選手権では銅メダル。27歳で世界選手権メダル獲得は日本最年長。同年の世界選手権では日本チームを引っ張り優勝。ソチオリンピック代表選考を兼ねた2013～2014年全日本選手権では、会心の演技で13回目にして初優勝。2度目のオリンピックの切符をつかむ。ソチオリンピックで初めて正式種目となった団体ではキャプテンを務め5位入賞。個人戦では2大会連続の8位入賞となった。

◉帯写真

撮　影　　佐久間ナオヒト

ヘアメイク　新里沙智子

◉競技写真

提　供　　ジャパンスポーツ

壁はきっと越えられる
――夢をかなえる晩成力

2014年9月3日　第1刷発行

著　者　鈴木明子
発行者　長坂嘉昭
発行所　株式会社プレジデント社
〒102-8641　東京都千代田区平河町 2-16-1
平河町森タワー 13 階
http://president.jp
http://str.president.co.jp/str/
電話：編集 (03)3237-3732
販売 (03)3237-3731

装　丁　竹内雄二
編集協力　山口雅之
編　集　桂木栄一
販　売　高橋 徹　川井田美景　山内拓磨
制　作　関　結香
印刷・製本　図書印刷株式会社

ISBN978-4-8334-2099-0
Printed in Japan
落丁・乱丁本はおとりかえいたします。